使いやすい！教えやすい！家庭学習に最適の問題集！

鳴門教育大学附属小学校

2023年度版

過去問題集

<問題集の効果的な使い方>

①お子さまの学習を始める前に、まずは保護者の方が「入試問題」の傾向や難しさを確認・把握します。その際、すべての「学習のポイント」にも目を通しましょう。

②入試に必要なさまざまな分野学習を先に行い、基礎学力を養ってください。

③学力の定着が窺えたら「過去問題」にチャレンジ！

④お子さまの得意・苦手が分かったら、さらに分野学習をすすめレベルアップを図りましょう！

必ずおさえたい問題集

鳴門教育大学附属小学校

図形	Ｊｒ・ウォッチャー 54「図形の構成」
常識	Ｊｒ・ウォッチャー 56「マナーとルール」
言語	Ｊｒ・ウォッチャー 17「言葉の音遊び」
推理	Ｊｒ・ウォッチャー 15「比較」、58「比較②」
常識	Ｊｒ・ウォッチャー 27「理科」、55「理科②」

全42問

昨年度実施の過去問題 ＋ それ以前の特徴的な問題 を収録!!

●資料提供●

祖川幼児教育センター

ISBN978-4-7761-5464-8

C6037 ¥2500E

9784776154648

1926037025009

定価　本体2,500円＋税

日本学習図書 ニチガク

私たちにおまかせください!
問題集をしていて指導方法がわからない方
無料
Web学習
サポートサービス
問題集に指導サポートがついているのは、ニチガクだけ!

こんなこと…ありませんか?

「ニチガクの問題集…買ったはいいけど、、、
この問題の教え方がわからない(汗)」

メールでお悩み解決します!

- ホームページ内の専用フォームで必要事項を入力!
- 教え方に困っているニチガクの問題を教えてください!
- 確認終了後、具体的な指導方法をメールでご返信!
- 全国どこでも! スマホでも! ぜひご活用ください!

<質問回答例>

アドバイス

推理分野の学習では、後の学習に活きる思考力を養うことができます。ご家庭で指導する場合にも、テクニックにたよらず、保護者の方が先に基本的な考え方を理解した上で、お子さまによく考えさせることを大切にして指導してください。

Q.「お子さまによく考えさせることを大切にして指導してください」と学習のポイントにありますが、考える習慣をつけさせるためには、具体的にどのようにしたらいいですか?

A. お子さまが考える時間を持てるように、質問の仕方と、タイミングに工夫をしてみてください。
たとえば、「答えはあっているけど、どうやってその答えを見つけたの」「答えは○○なんだけど、どうしてだと思う?」という感じです。はじめのうちは、「必ず30秒考えてから手を動かす」などのルールを決める方法もおすすめです。

まずは、ホームページへアクセスしてください!!

https://www.nichigaku.jp　日本学習図書　検索

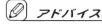

目指せ！合格！

家庭学習ガイド
鳴門教育大学附属小学校

ペーパー　絵　画　口頭試問　行動観察

入試情報

出題形態：ペーパー・ノンペーパー
面　　接：あり
出題領域：ペーパーテスト
（お話の記憶、音楽、数量、言語、常識、図形、常識）、絵画、行動観察、口頭試問

受験にあたって

本年度の入学試験は、お話の記憶・音楽・数量・言語・図形・常識・絵画・行動観察・口頭試問など幅広い分野から出題されました。

お話の記憶の特徴は、登場人物が多いお話が出題されていることです。「誰が何を言ったか、どういう行動を取ったか」を正確に把握し、お話全体の内容を頭の中でイメージしていくことが大切です。

常識分野の問題では理科、道徳からよく出題されています。理科の知識を身に付けるには、実際に触れたり、観たりした体験や図鑑、インターネットなどのメディアを通すなどのさまざまな学びの機会を活かして、バランスよく学習していくことが大切です。

マナーなどの道徳的知識は、正しい行動をただ教えるのではなく、保護者の方自身がお子さまに見本を示すことが大切です。その際、理由も添えると、より効果的です。

ペーパーテストでは「間違えた時は２本線で訂正する」「お友だちの解答用紙を見ない」「始めなさいの合図で鉛筆を持ち、終わりなさいの合図で鉛筆を置く」という約束が話されます。日頃からこうした指示に慣れておくようにしましょう。

鳴門教育大学附属小学校

過去問題集

〈はじめに〉

現在、少子化が叫ばれているにもかかわらず、私立・国立小学校の入学試験には一定の応募者があります。入試は、ただやみくもに学習するだけでは成果を得ることはできません。志望校の過去における出題傾向を研究・把握した上で、練習を進めていくこと、その上で試験までに志願者の不得意分野を克服していくことが必須条件です。そこで、本問題集は小学校を受験される方々に、志望校の出題傾向をより詳しく知っていただくために、過去に遡り出題頻度の高い問題を結集いたしました。最新のデータを含む精選された過去問題集で実力をお付けください。

〈本書ご使用方法〉

◆出題者は出題前に一度問題に目を通し、出題内容などを把握した上で、〈 準 備 〉の欄に表記してある物を用意してから始めてください。
◆お子さまに絵の頁を渡し、出題者が問題文を読む形式で出題してください。
◆「分野」は、問題の分野を表しています。弊社の問題集の分野に対応していますので、復習の際の目安にお役立てください。
◆一部の描画や常識等の問題については、解答が省略されているものがあります。お子さまの答えが成り立つか、出題者が各自でご判断ください。
◆〈 時 間 〉につきましては、目安とお考えください。
◆学習のポイントは、指導の際にご参考にしてください。
◆【おすすめ問題集】は、各問題の基礎力養成や実力アップにご使用ください。

〈本書ご使用にあたっての注意点〉

◆文中に **この問題の絵は縦に使用してください。** と記載してある問題の絵は縦にしてお使いください。
◆文中に **この問題の絵はありません。** と記載してある問題には絵の頁がありませんので、ご注意ください。なお、問題の絵の右上にある番号が連番でなくても、中央下の頁番号が連番の場合は落丁ではありません。
下記一覧表の●が付いている問題は絵がありません。

問題1	問題2	問題3	問題4	問題5	問題6	問題7	問題8	問題9	問題10
				●					
問題11	問題12	問題13	問題14	問題15	問題16	問題17	問題18	問題19	問題20
						●	●		
問題21	問題22	問題23	問題24	問題25	問題26	問題27	問題28	問題29	問題30
									●
問題31	問題32	問題33	問題34	問題35	問題36	問題37	問題38	問題39	問題40
問題41	問題42								
	●								

※問題を始める前に、「本書ご使用方法」「ご使用にあたっての注意点」「家庭学習ガイド」をご覧ください。

2022年度の最新問題

問題１　分野：お話の記憶

〈準備〉　鉛筆

〈問題〉　明日は、待ちに待った遠足です。ゾウさんは、ハンカチとティッシュをリュックサックに入れました。そして、「水筒とお弁当は明日入れよう」と言いました。次の日、ゾウさんはリスさんとタヌキさんと一緒にバスに乗ってワクワク公園に行きました。公園に着いてから、みんなで鬼ごっこをして遊びました。タヌキさんが「お弁当を食べよう」と言ったのでお弁当を食べることにしました。みんなはピクニックシートに座っているのに、ゾウさんは立ったままいました。リスさんが「どうしたの？」と聞くと、ゾウさんは「ピクニックシートを忘れたんだ」と言いました。するとリスさんが「一緒に座ろう」と言ってくれたので、ゾウさんもピクニックシートに座って食べました。みんなで楽しく食べていたら、タヌキさんがお茶をこぼしてしまいました。するとゾウさんがティッシュでタヌキさんの服を拭いてあげました。この日はみんなにとって素敵な思い出になりました。

①ゾウさんが、遠足の前の日に準備したものは何ですか。一番上の段の絵から選んで、○をつけてください。
②ピクニックシートにゾウさんを座らせてあげたのは誰でしょうか。上から二番目の段の絵から選んで、○をつけてください
③お茶をこぼしたのは誰ですか。下から二番目の段の絵から選んで、○をつけてください。
④ゾウさんは、何を使ってお茶を拭いてあげましたか。一番下の段の絵から選んで、○をつけてください。

〈時間〉　各15秒

問題２　分野：常識（季節）

〈準備〉　鉛筆

〈問題〉　左の絵を見てください。左の絵の次の季節の絵を右から選んで○をつけてください。

〈時間〉　各15秒

問題３　分野：常識（理科）

〈準備〉　鉛筆

〈問題〉　（問題３の絵を渡す）
赤ちゃんを産む生き物に○をつけてください。

〈時間〉　30秒

問題4　分野：常識（理科）

〈準備〉　鉛筆

〈問題〉　（問題４の絵を渡す）
水に浮くものに○をつけてください。

〈時間〉　30秒

問題5　分野：想像画

〈準備〉　鉛筆、画用紙

〈問題〉　お話を聞いて、後の指示に従ってください。
良い天気なので、公園に出かけます。公園には滑り台とブランコがあり、花壇にはお花がたくさん咲いています。公園につくと、お友達が遊んでいました。
あなたが公園でお友達と遊んでいる絵を描きましょう。

〈時間〉　30秒

問題6　分野：常識（マナー）

〈準備〉　鉛筆

〈問題〉　黒い髪の子が良いことをしていれば○を、悪いことをしていれば×をつけてください。

〈時間〉　20秒

問題7　分野：常識（日常生活）

〈準備〉　鉛筆

〈問題〉　運動をしている絵には○、そうではない絵には×をつけてください。

〈時間〉　30秒

問題8　分野：常識（理科）

〈準 備〉　鉛筆

〈問 題〉　左の絵の女の子が鏡に映ったとき、どのようになりますか。正しい絵を右から選んで○をつけてください。

〈時 間〉　30秒

問題9　分野：常識（理科）

〈準 備〉　鉛筆

〈問 題〉　左の果物、野菜の絵と、右の断面図が合っている物には○を、そうではないものには×をつけてください。

〈時 間〉　各15秒

問題10　分野：音楽

〈準 備〉　音源（太鼓、ピアノ、ラッパ、バイオリン、異なる楽曲3曲、鳥の鳴き声、水しぶきの上がる音）

〈問 題〉　①（太鼓、ピアノ、ラッパ、バイオリンの音源の中から一つを流す）
どの楽器を使って演奏しているでしょうか。正しいものに○をつけてください。
②（任意のリズムで太鼓の音源を流す。その後、それぞれの動物がたたく太鼓の音源を流す。）
最初のリズムと同じリズムで太鼓をたたいている動物に○をつけてください。
③（楽曲の音源の内、1曲を流す。その後、それぞれの動物が演奏する楽曲の音源を流す）
最初の曲と同じ曲を演奏している動物に○をつけてください。
④（鳥の鳴き声、水しぶきの上がる音の内、片方の音源を流す。）
今の音に合う絵に○をつけてください。

〈時 間〉　各15秒

問題11　分野：図形（積み木）

〈準 備〉　鉛筆

〈問 題〉　上の絵の積み木を全て使って、作ることができる形に○を、そうではない形に×をつけてください。

〈時 間〉　30秒

問題12　分野：推理（欠所補完）

〈準備〉　鉛筆

〈問題〉　左の絵と同じになる組み合わせを、右の絵から選んで○をつけてください。

〈時間〉　15秒

問題13　分野：常識（理科）

〈準備〉　鉛筆

〈問題〉　風が同じ方向から吹いているものに○をつけてください。

〈時間〉　15秒

問題14　分野：常識（日常生活）

〈準備〉　鉛筆

〈問題〉　お客さんを乗せて走る乗り物には○、そうではないものには×をつけてください。

〈時間〉　30秒

問題15　分野：数量

〈準備〉　鉛筆

〈問題〉　（問題15の絵を渡す）
①一番多い野菜の数を数えて、その数だけ下の四角に○を書いてください。
②一番少ない野菜の数を数えて、その数だけ下の四角に×を書いてください

〈時間〉　30秒

問題16　分野：推理（比較）

〈準備〉　鉛筆

〈問題〉　（問題16の絵を渡す）
①上の四角を見てください。模様に白いところが多ければ、下の白い四角に○を、黒いところが多ければ、下の黒い四角に○をつけてください。
②一番広い部屋にいる動物に○を、一番狭い部屋にいる動物に×をつけてください。

〈時間〉　30秒

問題17　分野：行動観察（集団行動）

〈準備〉　カラーペン、うちわ、箱、網カゴ、ウサギの絵、ライオンの絵、ボール（毛糸や紙を丸めて作った軽い物）大２個・小５個、テープ（黄色）

〈問題〉　（６～７人のグループに分かれて行う）
①箱にウサギの絵、網カゴにライオンの絵を貼り、離れた位置に配置します。
（このとき、ウサギの絵が貼られた箱に準備したボールを全て入れる）
②箱と網カゴの間に座り、カラーペンでうちわに好きな絵を描きます。
③３～４人ずつのチームに分かれ、ゲームを行います。

ゲーム内容
①１人ずつ順番に、箱の中のボールをうちわに乗せ、離れた位置にある網カゴの中に入れます。
（このとき、黄色いテープの枠線をはみ出してはいけない）
②箱の中のボールが無くなったら、網カゴの中から手をつかって取り出し、箱の中に戻してゲームを続けます。
③終了後、皆で片付けをします。片付けが終わったら、体育座りをして待ちます。

〈時間〉　適宜

問題18　分野：面接

〈問題〉　３人ずつのグループに別れ、面接を行います。
質問は３人に対して行われ、回答する場合は挙手をします。
挙手がない場合は、次の質問に移ります。
体育座りのまま行います。
・うちわに何を描きましたか。
・お友達と仲良くできましたか。
・ボール運びをしているとき、ルールを守りましたか。
・ルールが分からない子がいたら、どうしますか。
・順番を守らない子がいたら、どうしますか。

〈時間〉　適宜

2021年度以前の入試問題

問題19　分野：お話の記憶

〈準備〉　鉛筆

〈問題〉　タヌキさんが家の掃除をしていると、棚の奥に小さな入れ物があるのを見つけました。「これはなんだろう？」タヌキさんは、入れ物の中身がわかりませんでした。そこでキツネさんにたずねてみようと思って、その入れ物を持って出かけました。キツネさんは、庭の花に水をあげていました。タヌキさんはキツネさんに、「これ何だかわかる？」とたずねました。キツネさんは「わからない。触ってもいい？」と言いました。タヌキさんが触ってみると、ベタベタしていました。キツネさんは「料理が得意なクマさんに聞いてみたら？」と言いました。タヌキさんは、入れ物を持ってクマさんの家に行きました。クマさんは、家で料理を作っていました。クマさんは蓋を開けると、「これは、僕の好きなハチミツかもしれない。舐めてもいい？」と聞きました。クマさんが舐めてみると「これはハチミツじゃないから、僕にはわからない」と言いました。タヌキさんがしょんぼりして家に帰る途中、リスさんの家があったので寄ってみると、リスさんは折り紙を切っていて、困った顔をしています。タヌキさんが「どうしたの？」とたずねると「切った折り紙を貼る糊がないの」と言いました。タヌキさんは「この入れ物の中身がわかる？」とたずねました。するとリスさんが「これは糊だよ。ちょうど糊がなくなって困っていたんだよ。ちょうだい」と言いました。タヌキさんは、リスさんに糊をあげました。そして、リスさんといっしょに春の季節の絵を作りました。これでお話はおしまいです。

①小さな入れ物があった場所はどこですか。○をつけてください。
②キツネさんは何をしていましたか。○をつけてください。
③料理が得意な動物は誰ですか。○をつけてください。
④リスさんとタヌキさんの作った絵に描いてあったものは何ですか。○をつけてください。

〈時間〉　各15秒

［2021年度出題］

問題20　分野：音楽

〈準備〉　音源（①それぞれリズムの違う手を叩く音を3種類。速いもの、普通のもの、ゆっくりのもの。ゆっくりのものは『ゾウさん』の曲と同じぐらいのテンポにする。③ウッドブロック、トライアングル、タンバリンをそれぞれ5秒程度演奏したもの）、再生装置、ピアノ

〈問題〉　①今から曲を弾くので聞いてください（ピアノで『ゾウさん』を演奏する）。
それでは、手元の絵を見てください。
左から順に動物たちが手を叩きます。よく聞いてください。
※音源をウサギ、ゾウ、ネコの順番で流す。
曲と同じリズムで手を叩いている動物に○をつけてください。

②今から3匹の動物が曲を弾きます。1番目の曲が楽しいと思った人はウサギに○を、2番目の曲が楽しいと思った人はゾウに○を、最後の曲が楽しいと思った人はネコに○をつけてください。
※ピアノ曲のうち、1曲は『子犬のワルツ』のような楽しい曲にする

③下の四角に描いてある楽器を演奏します。
※ウッドブロック、トライアングル、タンバリンの音源を再生する。
今出てこなかった楽器を選んで○をつけてください。

〈時間〉　適宜

[2021年度出題]

問題21　分野：想像画

〈準備〉　鉛筆、画用紙

〈問題〉　（問題21の絵を渡す）
○△□を使ってお絵描きしましょう。○△□の大きさは大きくても小さくてもよいです。ただし、ほかの形は使ってはいけません。

〈時間〉　5分

[2021年度出題]

問題22　分野：常識（マナー）

〈準備〉　鉛筆

〈問題〉　（問題22の絵を渡す）
良いことをしている絵には○を、悪いことをしている絵には×をつけてください。

〈時間〉　1分

[2021年度出題]

問題23 分野：常識（季節）

〈準備〉 鉛筆

〈問題〉 ①②左の四角に描かれている虫と同じ季節によく見られる虫を、右の四角から選んで◯をつけてください。
③お正月に関係あるものを選んで◯をつけてください。

〈時間〉 30秒

[2021年度出題]

問題24 分野：推理（比較）

〈準備〉 鉛筆

〈問題〉 下の四角に描いてあるひもで、上の四角に描いてあるひもと同じ長さのひもには◯を、そうではないものには×をつけてください。

〈時間〉 20秒

[2021年度出題]

問題25 分野：常識（理科）

〈準備〉 鉛筆

〈問題〉 水に浮くものには◯を、浮かないものには×をつけてください。

〈時間〉 30秒

[2021年度出題]

問題26 分野：常識（理科）

〈準備〉 鉛筆

〈問題〉 ①上の四角に描いてある絵の中で、正しい影の絵には◯、そうではないものに×をつけてください。
②下の四角に描いてある絵の中で、こいのぼりと同じ方向から風が吹いている絵には◯、そうではない絵に×をつけてください。

〈時間〉 各30秒

[2021年度出題]

問題27　分野：図形（積み木）

〈準備〉　鉛筆

〈問題〉　上の四角に描いてある積み木の１つを動かしてできるものを下の四角から選んで○をつけてください。

〈時間〉　30秒

［2021年度出題］

問題28　分野：複合（数量・図形）

〈準備〉　鉛筆

〈問題〉　①全部の図形が重なっているところに×、四角だけのところに●をかいてください。
②左の四角に書いてある○の数と同じ数の野菜を右の四角から選んで、○をつけてください。

〈時間〉　各30秒

［2021年度出題］

問題29　分野：言語（しりとり）

〈準備〉　鉛筆

〈問題〉　森の動物たちがしりとりをして遊んでいました。サルさんが「リンゴ」と言いました。次にイヌさんが「ゴリラ」と言いました。ウサギさんが「『ラ』と言えば、私の好きなラッパでしょ」と言いました。次にサルさんが「『パ』で始まるもの２つ思いついちゃった。でも最後に『ン』がついたら終わりか…」と言いました。サルさんは何と言ったのでしょう。選んで○をつけてください。

〈時間〉　30秒

［2021年度出題］

問題30　分野：行動観察（集団行動・口頭試問）

〈準備〉　紙皿、紙コップ、プラコップ、カップラーメンの容器（発泡スチロール）
※それぞれにクリップが２つ付いている。
油性マジック（赤、青、黒、ピンク、茶）
※マジックは人数分より１本多く準備する、
釣り竿（先端からひもがつけられている。ひもには磁石付き）
※釣り竿は人数分より１本少なく準備する。

〈問題〉　**この問題の絵はありません。**
（５・６名のグループで活動する）
①好きなものに海に住む生きものを描いてください（１人１種類）。
②描き終わったら、ブルーシートの上に並べてください。
③誰から釣るか相談して、生きものを釣ってください。
④釣り終わったら後片付けをみんなでしてください。
※最後にブルーシートを片付ける。

集団行動の途中で口頭試問が行われる。
・「夜眠る前にしていることは何ですか」
・「友だちと遊ぶ時に、友だちがしたい遊びと自分がしたい遊びが違いました、あなたならどうしますか」

〈時間〉　適宜

[2021年度出題]

家庭学習のコツ④　効果的な学習方法～お子さまの今の実力を知る

１年分の問題を解き終えた後、「家庭学習ガイド」に掲載されているレーダーチャートを参考に、目標への到達度をはかってみましょう。また、あわせてお子さまの得意・不得意の見きわめも行ってください。苦手な分野の対策にあたっては、お子さまに無理をさせず、理解度に合わせて学習するとよいでしょう。

問題31　分野：お話の記憶

〈準備〉　鉛筆

〈問題〉　リスさんが森で「預かり屋」を開きました。荷物を１日預けると、ドングリ１個リスさんに渡さなければなりません。はじめにクマさんがやってきました。クマさんは山の温泉に３日間旅行に出かけるので、金魚を預かってほしいと言いました。クマさんはリスさんにドングリを３個渡しました。そのあと、旅行から帰ってきたクマさんはお土産に団子をリスさんにあげました。次にウサギさんがやってきました。ウサギさんは、勉強を１週間したいから、玩具を預かってほしいと言いました。ウサギさんはリスさんにドングリを７個渡しました。次にやってきたのは、サルさんです。サルさんは茶色い重たそうな袋を持ってきました。１ヵ月預かってほしいといって、ドングリを30個リスさんに渡しました。ところが１ヵ月経っても、サルさんは荷物を取りにきません。リスさんは「何が入っているのかな？」と気になって袋を開けてみると、その中には幼虫が入っていました。２ヵ月、３ヵ月経ってもサルさんはきませんでした。ある日、リスさんが袋を開けてみると、カブトムシがいました。

①「預かり屋」に２番目に来たお客さんは誰ですか。○をつけてください。
②クマさんは何をリスさんに預けましたか。○をつけてください。
③クマさんはお土産に何をくれましたか。○をつけてください。
④サルさんが預けた荷物の中身は何ですか。○をつけてください。

〈時間〉　各15秒

［2020年度出題］

問題32　分野：音楽

〈準備〉　音源（それぞれリズムの違うタンバリンを叩く音を３種類
　　　　メロディーが異なるピアノの音を４種類）、再生装置
※②の音源はそれぞれ動物のイメージに合ったものを用意すること
　（ウサギなら軽やかに、ゾウなら低音で強く弾いているものなど）

〈問題〉　①今から先生が手を叩きますので聞いてください。
（先生が手を叩く）
それでは、手元の絵を見てください。
今から絵の中の動物たちがタンバリンを叩きます。よく聞いてください。
（音源を流す。ウサギ、ネコ、パンダの順番で流す）
先生と同じリズムでタンバリンを叩いている動物に○をつけてください。

②今から聞くピアノの音は動物たちの足音を表現しています。
それでは聞いてください。
（音源を流す、ウサギ、ゾウ、ウマ、イヌの順番で流す）
恐竜の足音のように、ドシンドシンと足音を鳴らしている動物は誰ですか。

〈時間〉　５分

［2020年度出題］

問題33　分野：想像画

〈準備〉　鉛筆、画用紙

〈問題〉　**この問題の絵を参考にしてください。**
見本例は三角形に絵を描き足して、ヨットを描きました。
下の図形に線を描き足して、自由に絵を描いてください。
※絵の出来上がりは問題の絵を参考にしてください。

〈時間〉　5分

［2020年度出題］

問題34　分野：常識（マナー）

〈準備〉　鉛筆

〈問題〉　（問題34-1の絵を渡す）
①良いことをしている絵に○をつけてください。
（問題34-2の絵を渡す）
②命を守るために働いている車に○をつけてください。
（問題34-3の絵を渡す）
③命を守るためにしている絵には○を、そうでない絵に×をつけてください。

〈時間〉　2分

［2020年度出題］

問題35　分野：常識（理科）

〈準備〉　鉛筆

〈問題〉　（問題35-1の絵を渡す）
①土の中にできる野菜に○、そうでないものに×をつけてください。
（問題35-2の絵を渡す）
②卵から生まれる生きものに○、そうでないものに×をつけてください。
（問題35-3の絵を渡す）
③上の絵の次の季節の絵に○をつけてください。

〈時間〉　各15秒

［2020年度出題］

問題36　分野：推理（比較）

〈準 備〉　鉛筆

〈問 題〉　**この問題の絵は縦に使用してください。**
（問題36-１の絵を渡す）
①上の段を見てください。この中から４番目に短いひもに○をつけてください。
②下の段を見てください。同じコップの中に同じ大きさのビー玉が入っています。コップの中の水が１番少ないものはどれでしょうか。○をつけてください。
（問題36-２の絵を渡す）
③木の１番近くにいる子どもに○を、１番遠くにいる子どもに×をつけてください。

〈時 間〉　各20秒

［2020年度出題］

問題37　分野：数量（計数・比較）

〈準 備〉　鉛筆

〈問 題〉　**この問題の絵は縦に使用してください。**
①上の段を見てください。お菓子屋さんでドーナツ１個を買うには、葉っぱが２枚、アメ１個を買うには１枚必要です。では、ドーナツ１個とアメ４個買うとしたら、葉っぱは何枚必要ですか。真ん中の段にその数だけ○を書いてください。
②ドーナツ１個とアメ４個を買いました。では、ドーナツ１個とアメ２個食べると、それぞれいくつ残りますか。１番下の段のそれぞれの四角にその数だけ○を書いてください。

〈時 間〉　各20秒

［2020年度出題］

問題38　分野：図形（四方からの観察）

〈準 備〉　鉛筆

〈問 題〉　左の四角を見てください。この積み木を矢印の方向から見るとどのように見えますか。右の四角の中から正しいものを見つけて○をつけてください。

〈時 間〉　各30秒

［2020年度出題］

問題39　分野：図形（回転図形）

〈準備〉　鉛筆

〈問題〉　上の四角を回転させると下のどの図形と同じになりますか。正しいものに○をつけてください。

〈時間〉　30秒

［2020年度出題］

問題40　分野：図形（構成）

〈準備〉　鉛筆

〈問題〉　５枚のカードが重ねて置いてあります。そのうち、上から１番目と２番目のカードをお友だちに渡しました。今、どのカードが１番上にきていますか。下の段のそのカードと同じ形に○をつけてください。

〈時間〉　30秒

［2020年度出題］

問題41　分野：言語（いろいろな言葉）

〈準備〉　鉛筆

〈問題〉　「ゴロゴロ」という言葉が合う絵に○を、そうでない絵に×をつけてください。

〈時間〉　30秒

［2020年度出題］

問題42　分野：行動観察（集団行動・口頭試問）

〈準備〉　トイレットペーパーロール、ボール（４個）、油性ペン（12色）、

〈問題〉　**この問題の絵はありません。**

（５～６名のグループで活動する）

・トイレットペーパーロールの外側に絵を描いてください。
・みんなが描いたトイレットペーパーをどの位置に置くか、グループのお友だちと話し合って決めてください。
・ボールを転がして、トイレットペーパーを倒してください。

集団行動の途中で口頭試問が行われる。

・「お友だちと何をして遊ぶのが好きですか」
・「１人で遊んでいる子がいたらどうしますか。お話できる人は、手を挙げてください」

〈時間〉　適宜

［2020年度出題］

問題 1

①

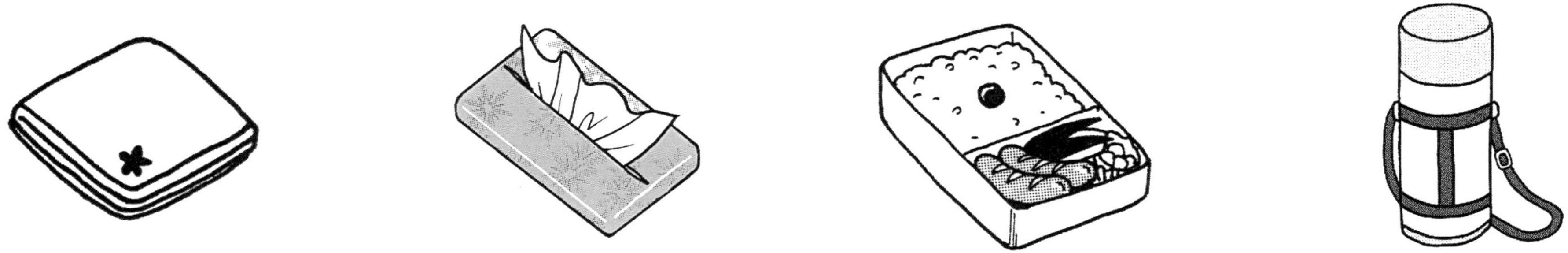

②

③

④

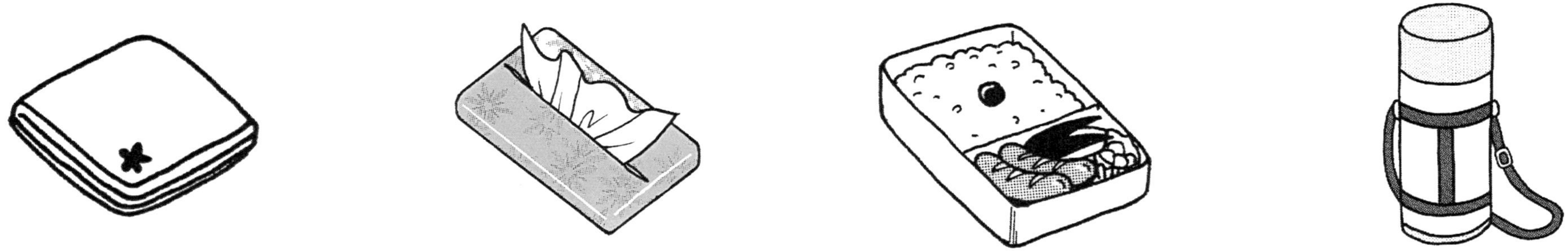

問題2

問題3

問題 4

問題6

2023 年度　鳴門教育大附小　過去　無断複製／転載を禁ずる　日本学習図書株式会社

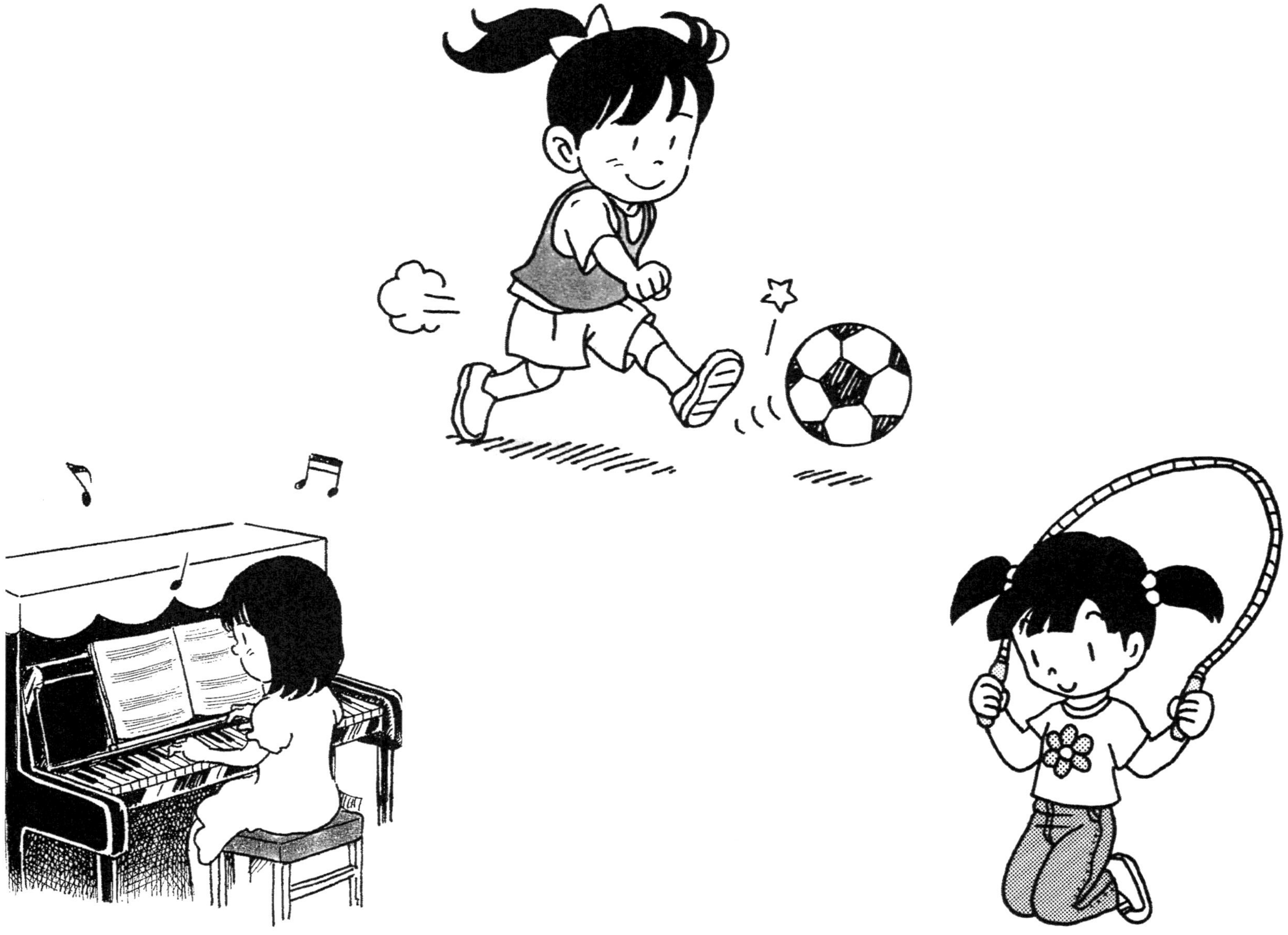

2023年度　鳴門教育大附小　過去　無断複製／転載を禁ずる　　　日本学習図書株式会社

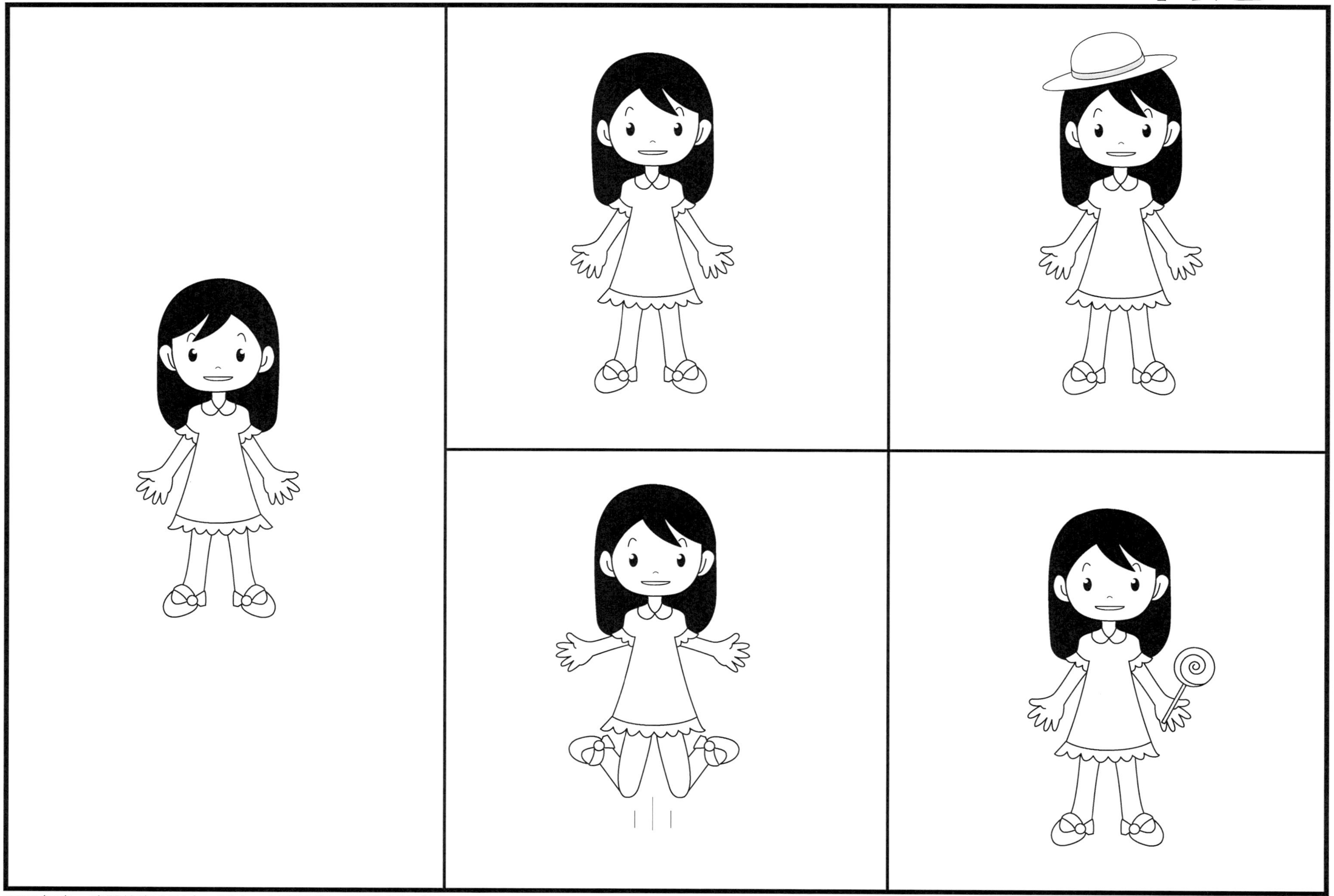

問題9

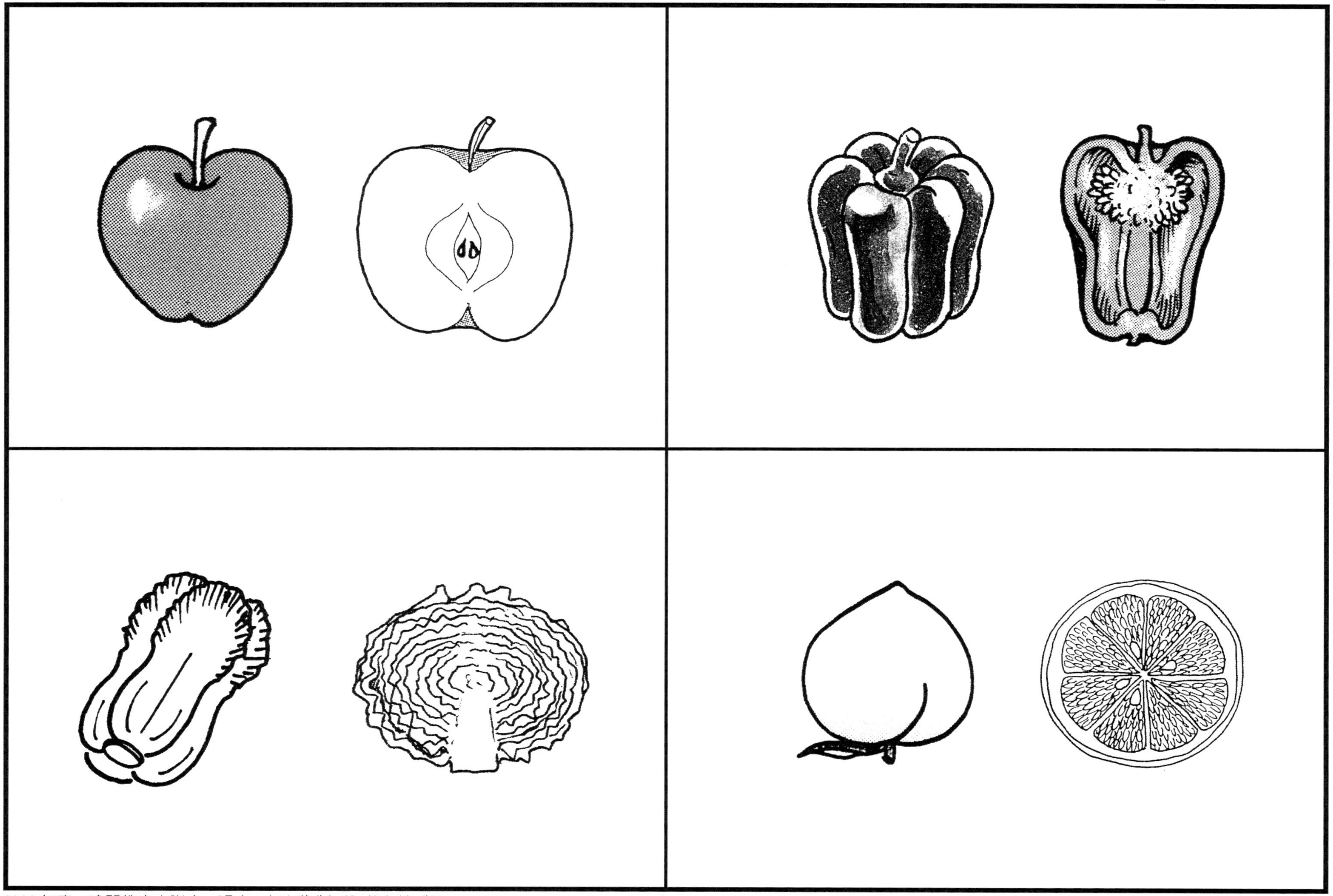

問題１０

①

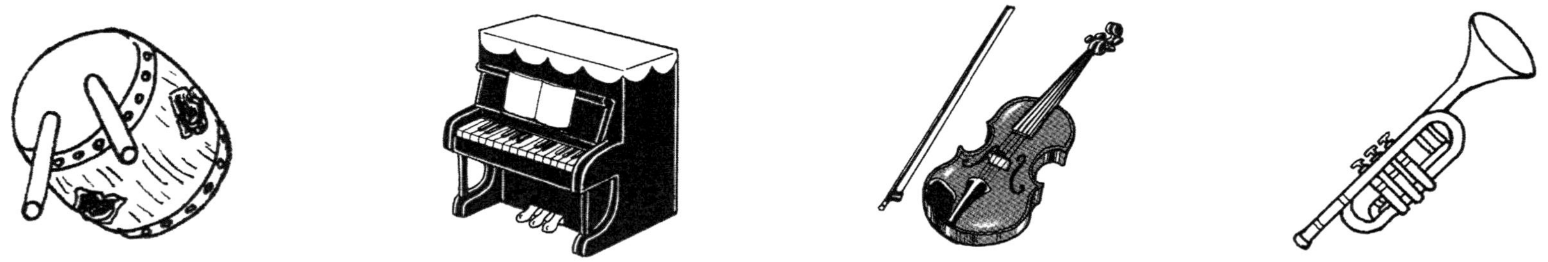

②

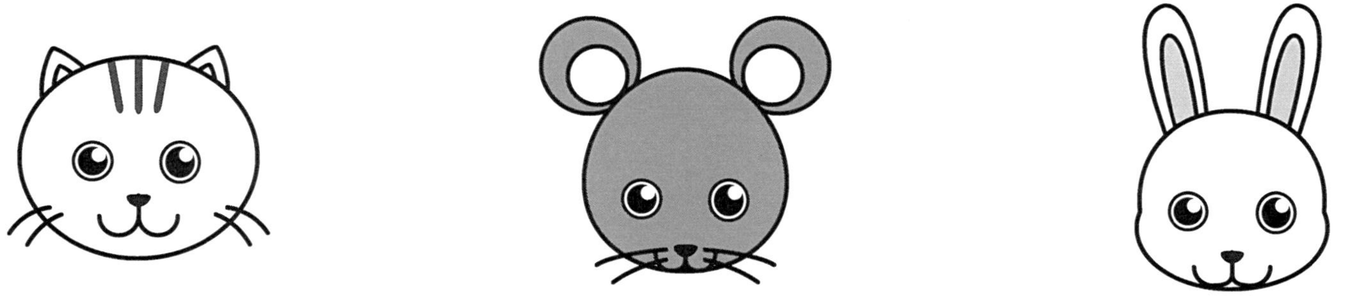

③

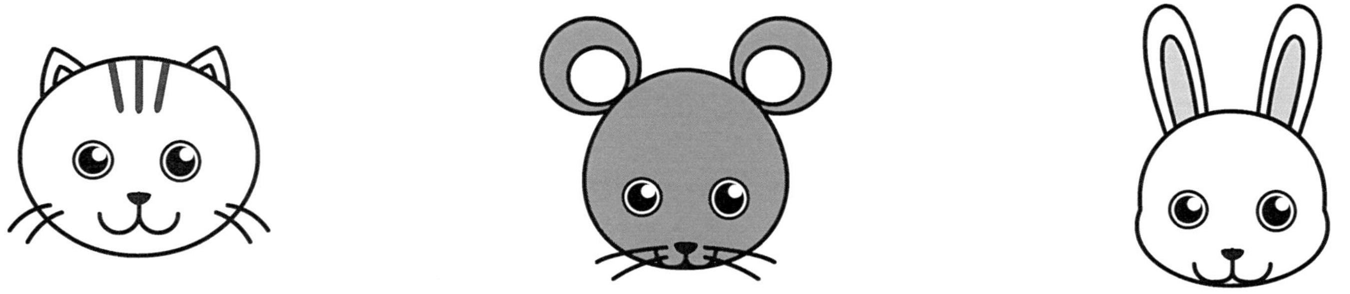

④

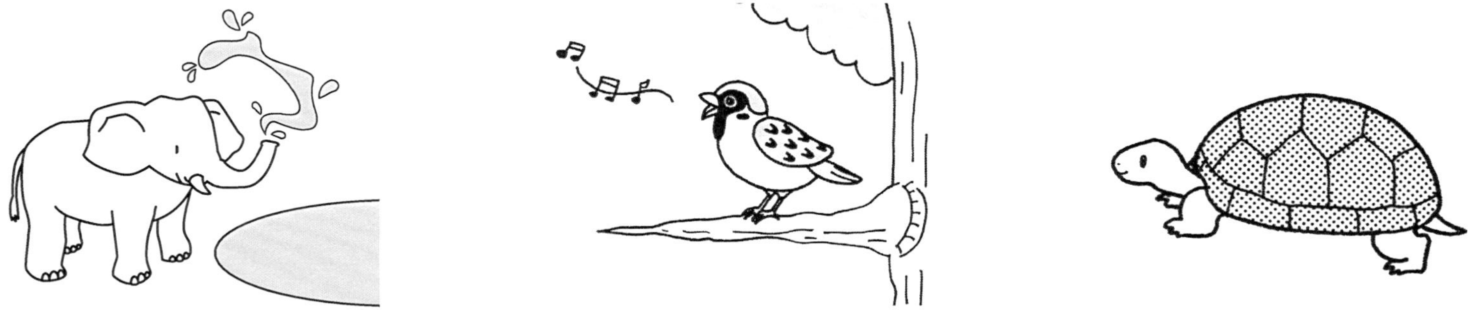

2023 年度　鳴門教育大附小　過去　無断複製／転載を禁ずる　　　　　　日本学習図書株式会社

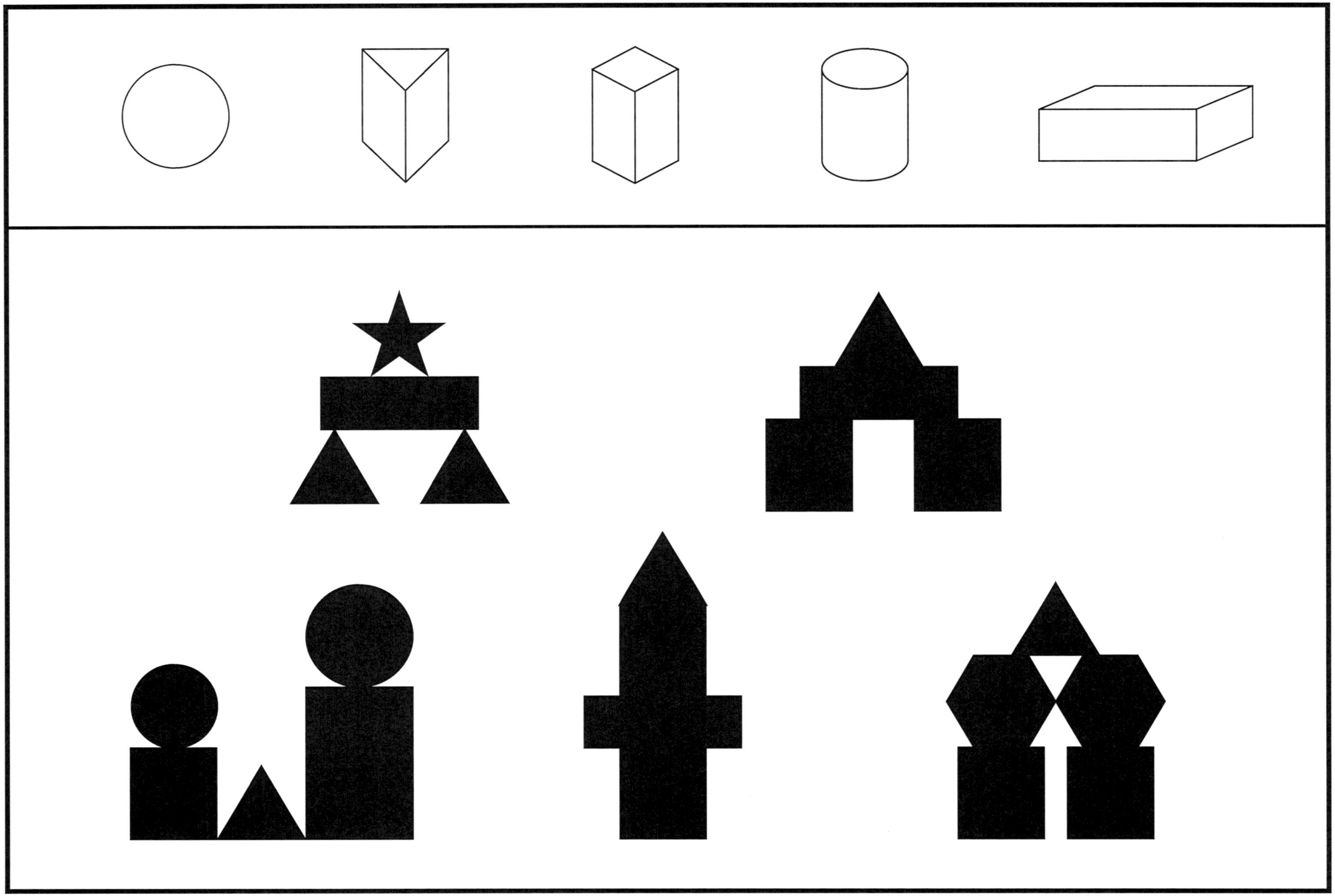

2023 年度　鳴門教育大附小　過去　無断複製／転載を禁ずる　日本学習図書株式会社

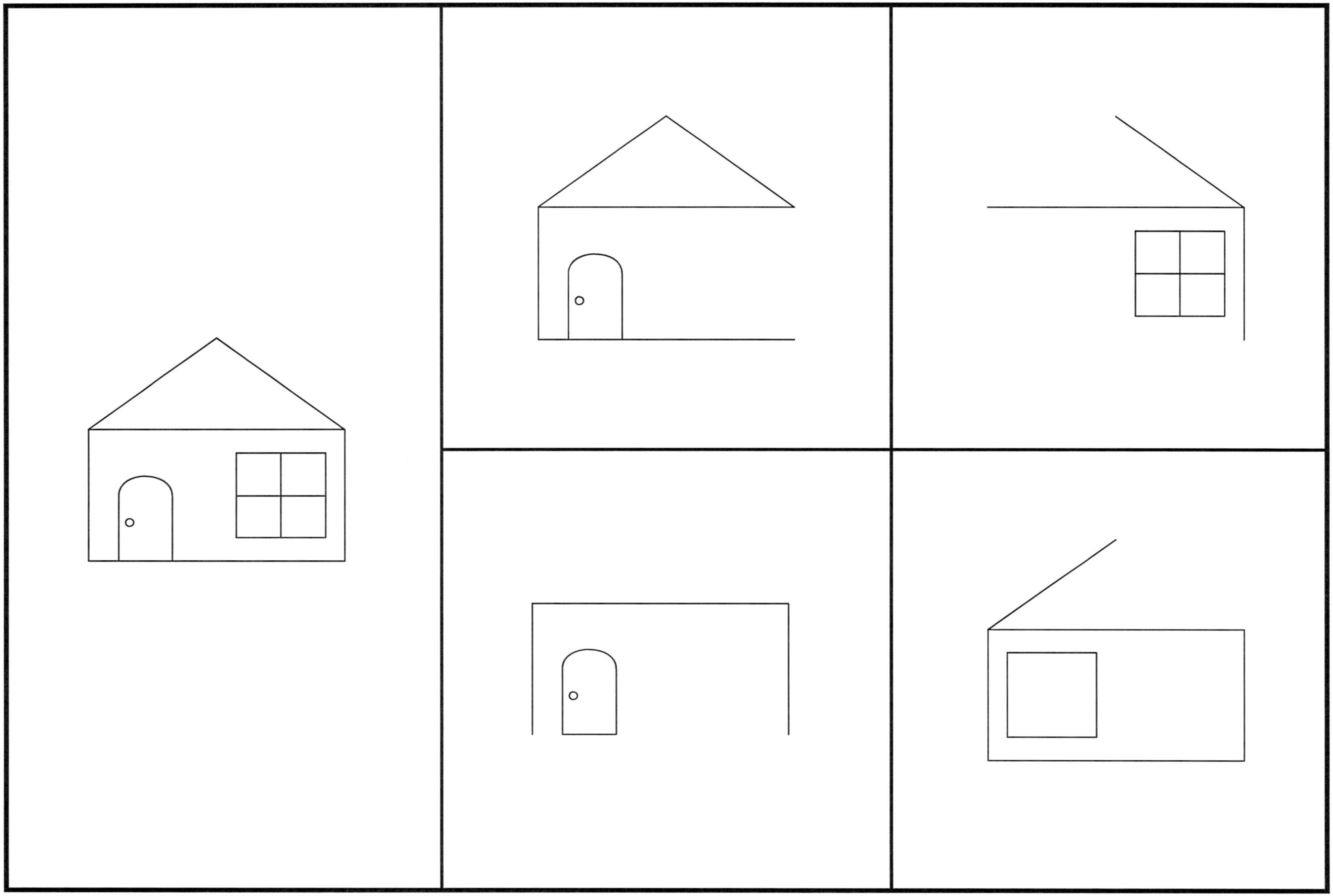

2023 年度　鳴門教育大附小　過去　無断複製／転載を禁ずる　日本学習図書株式会社

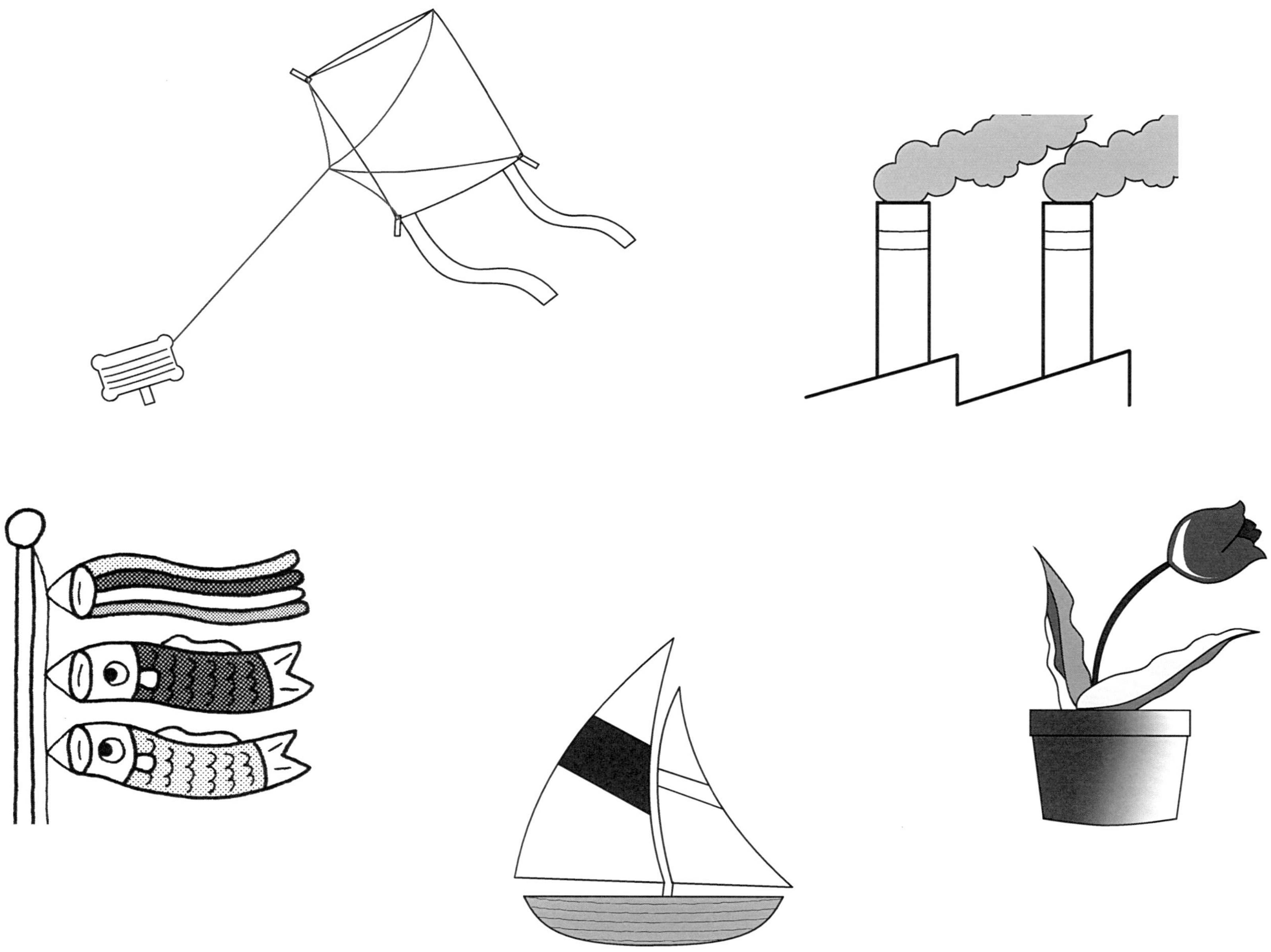

問題１４

問題15

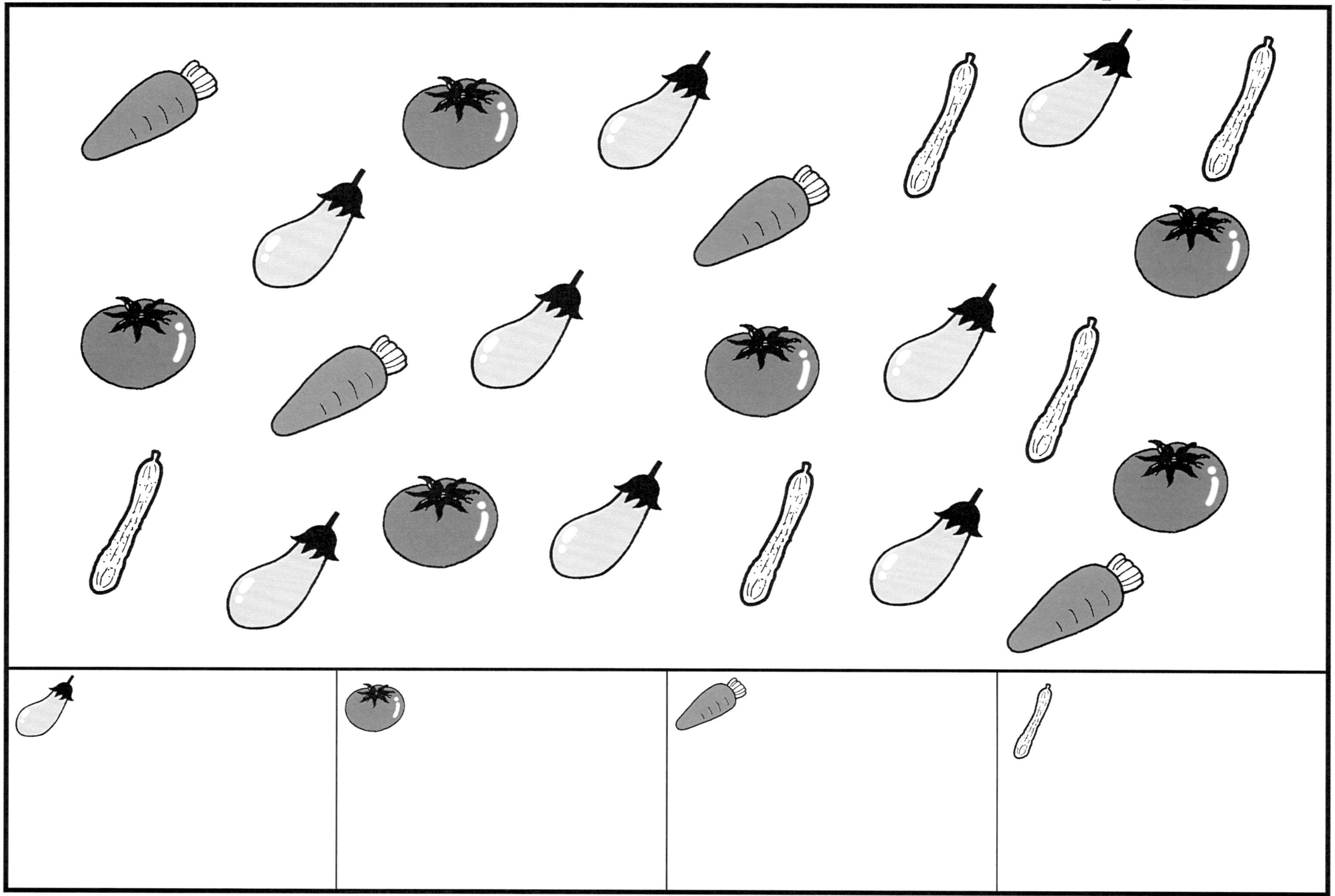

問題１６

①

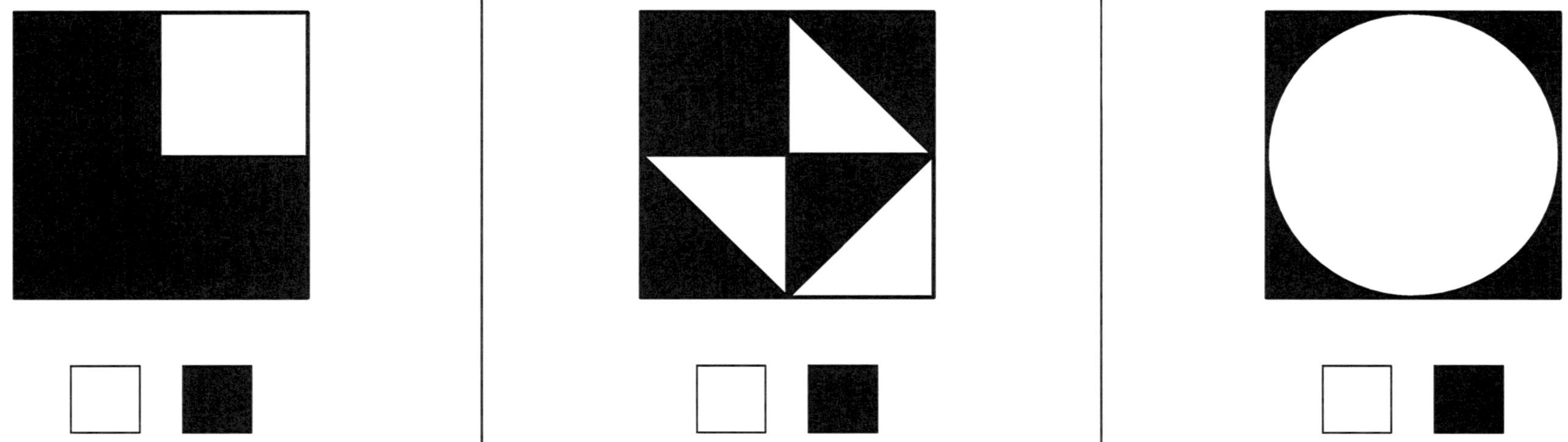

②

問題１９

①

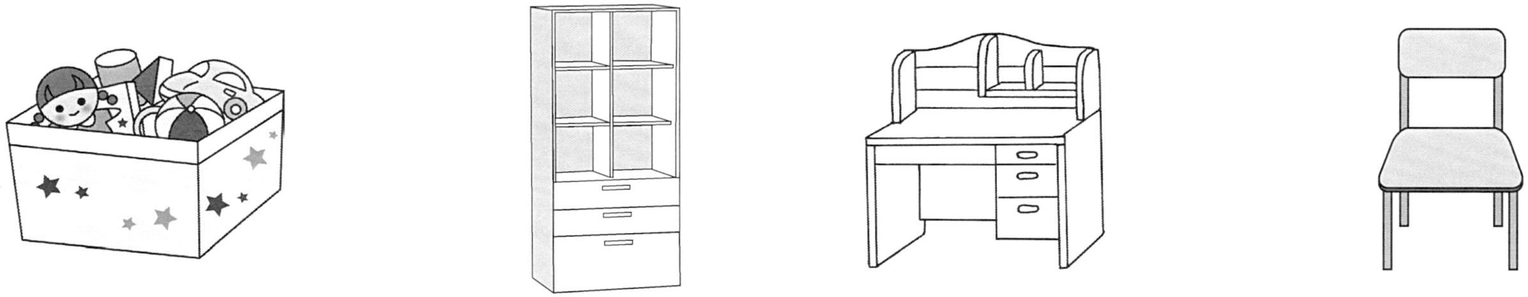

②

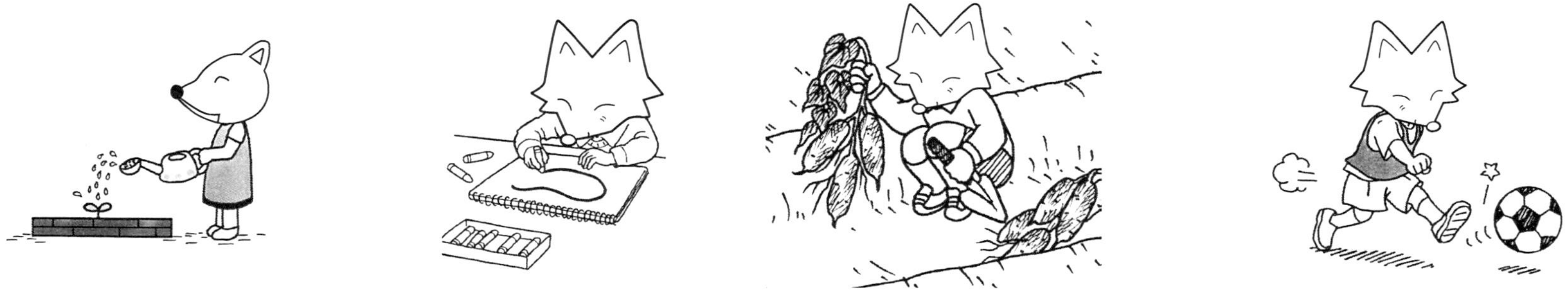

③

④

問題２０

①

②

③

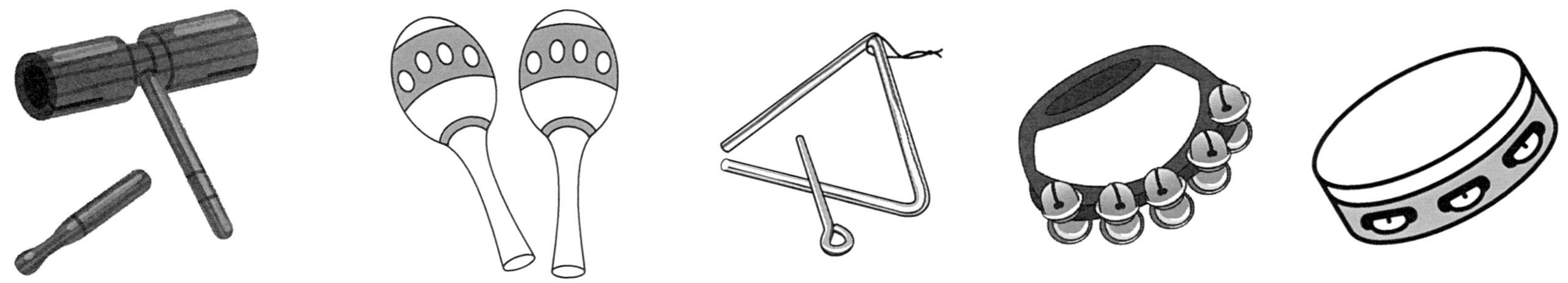

　　

問題２１

問題22

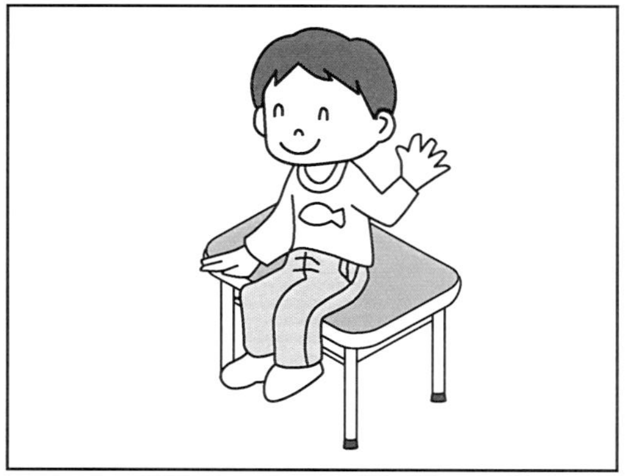

日本学習図書株式会社

2023 年度 鳴門教育大附小 過去 無断複製／転載を禁ずる

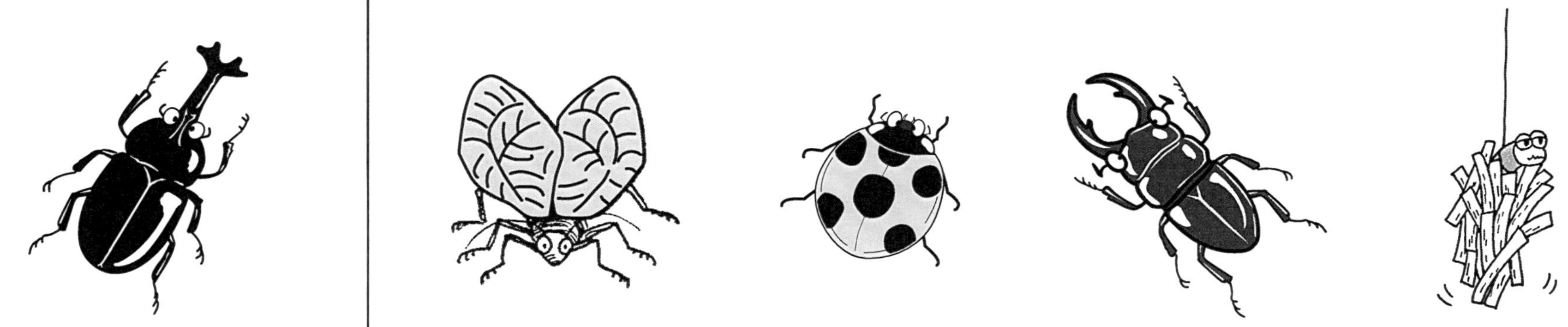

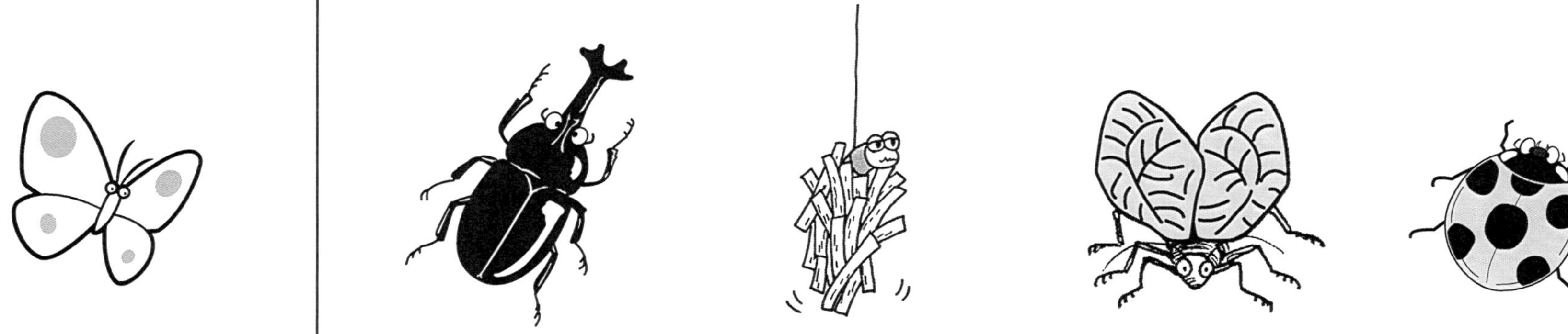

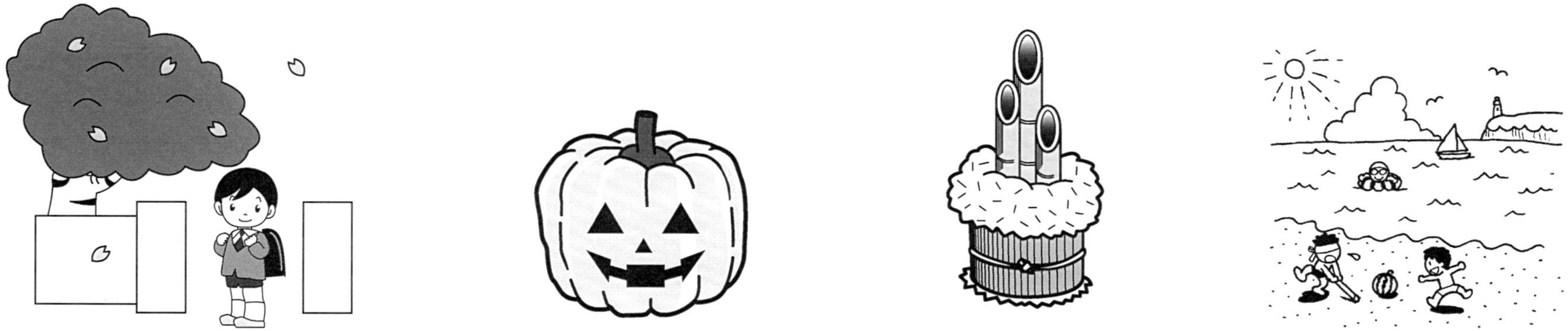

問題２４

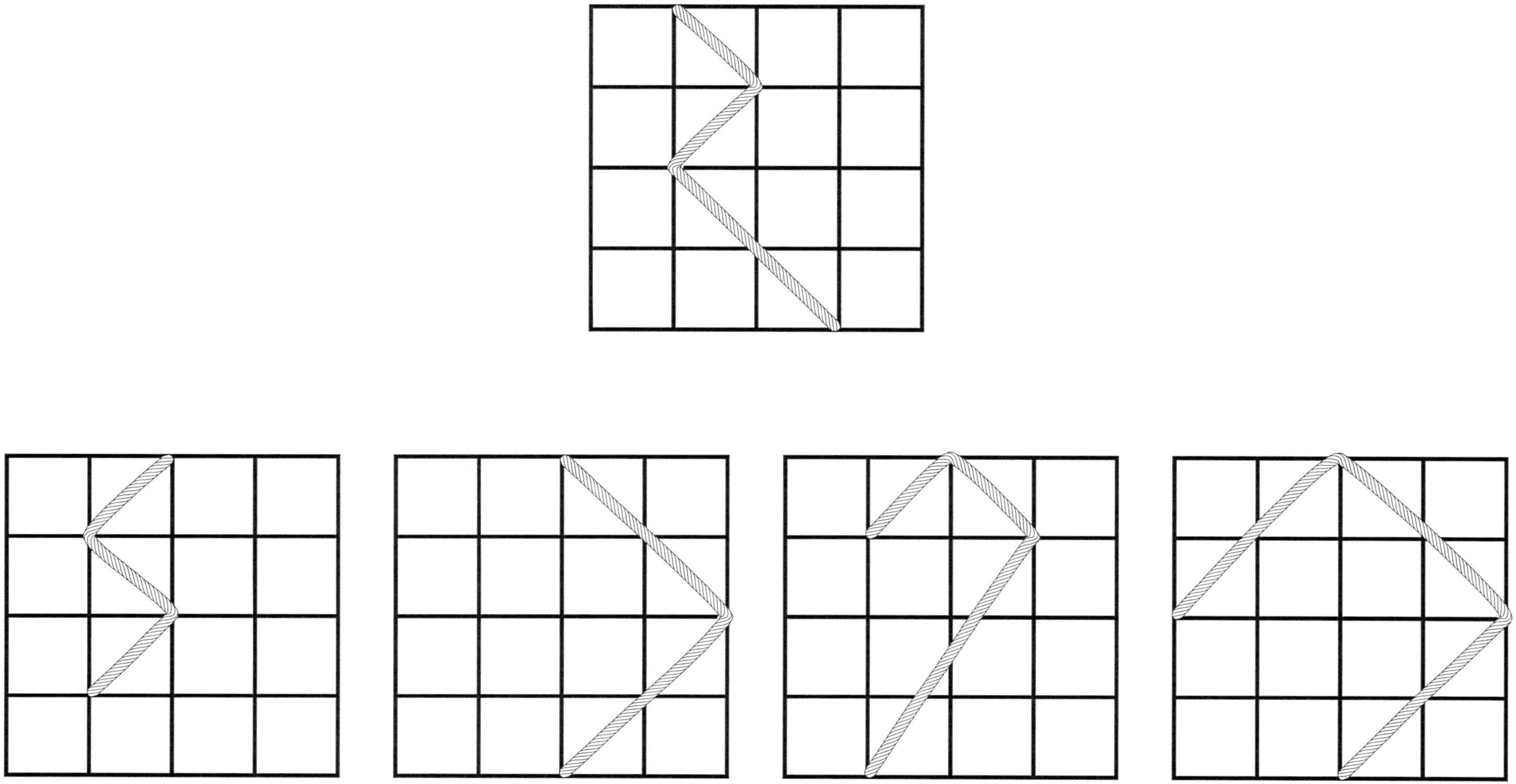

2022 年度　鳴門教育大附小　過去　無断複製／転載を禁ずる　　日本学習図書株式会社

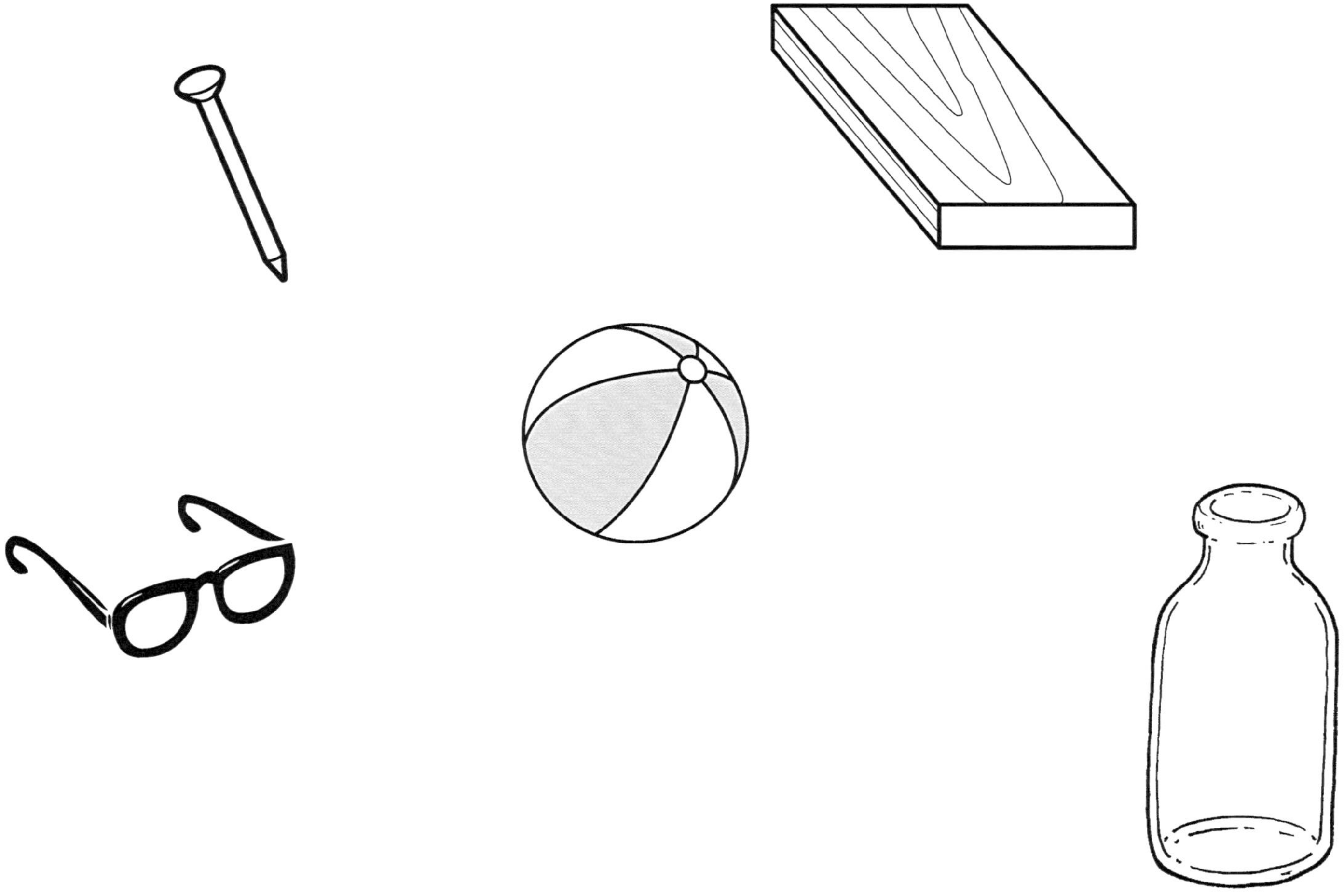

問題２６

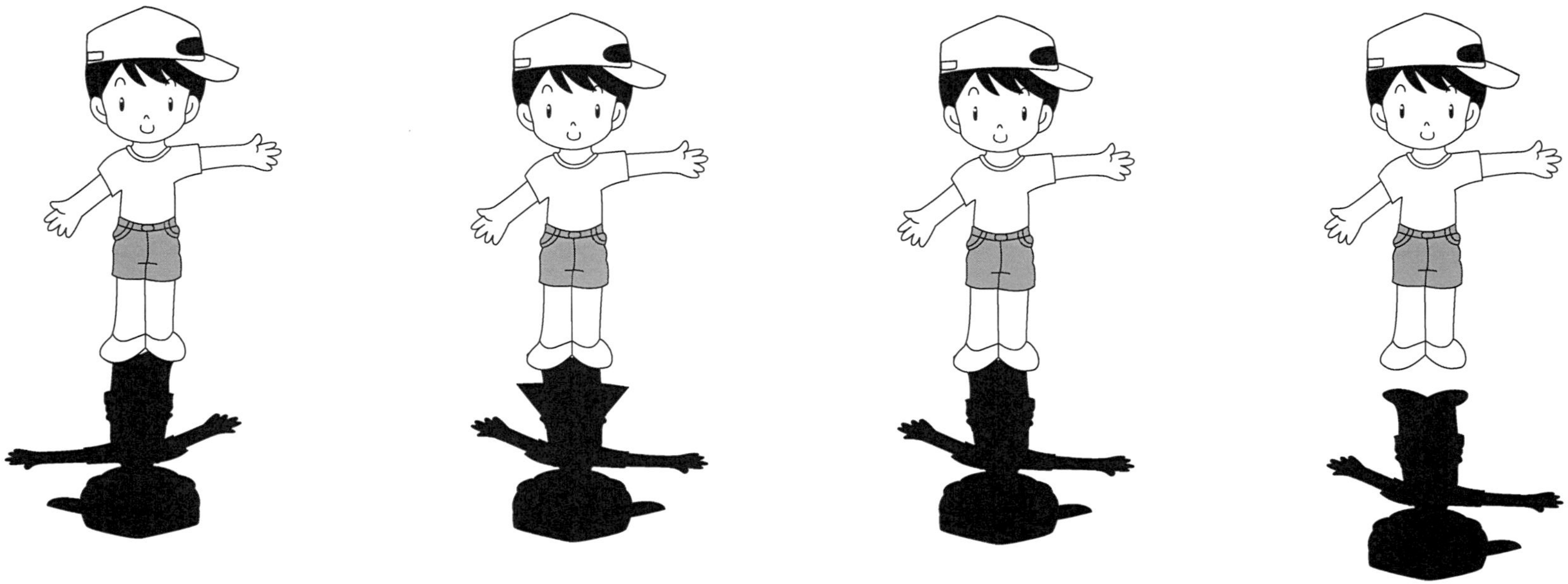

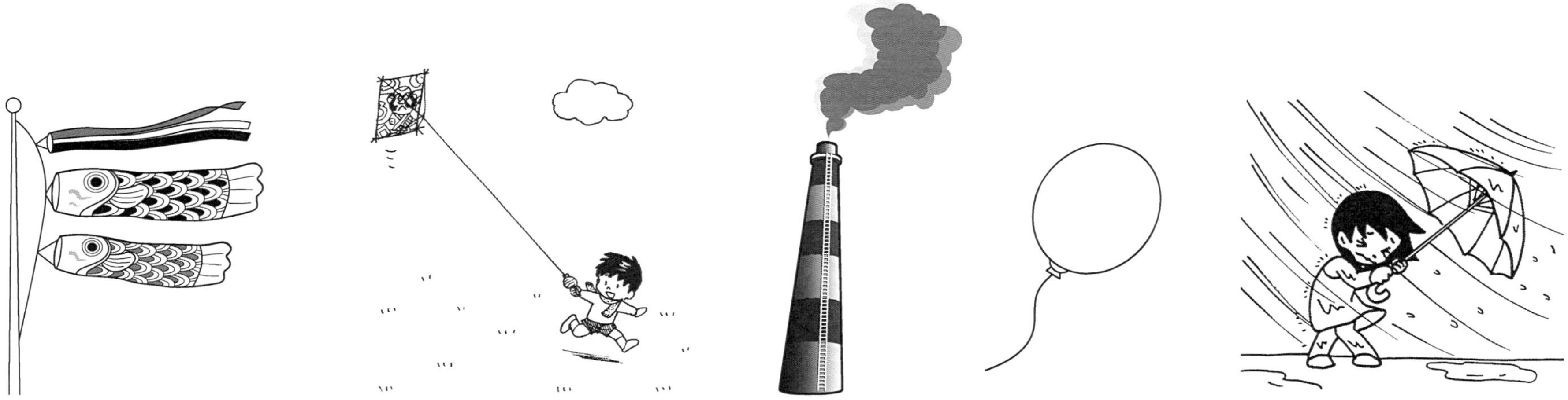

2023 年度 鳴門教育大附小 過去 無断複製/転載を禁ずる 日本学習図書株式会社

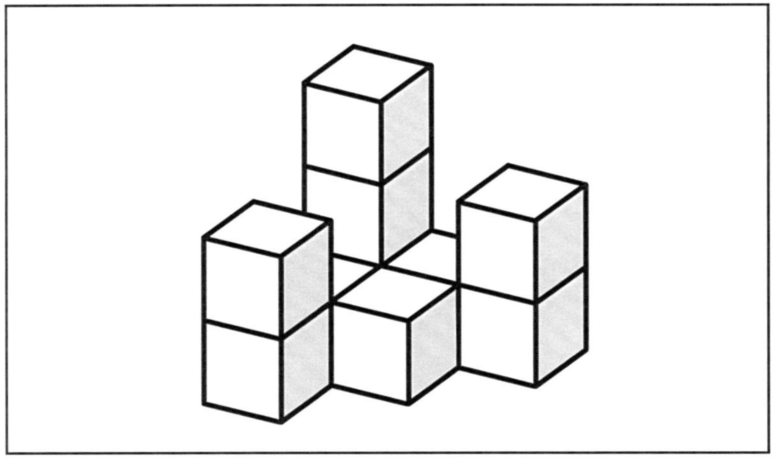

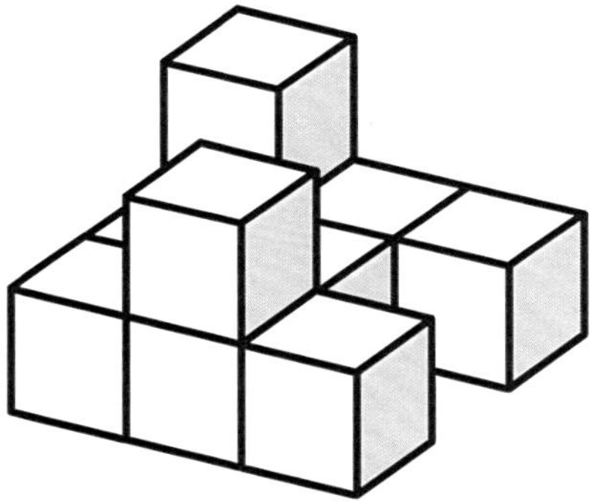

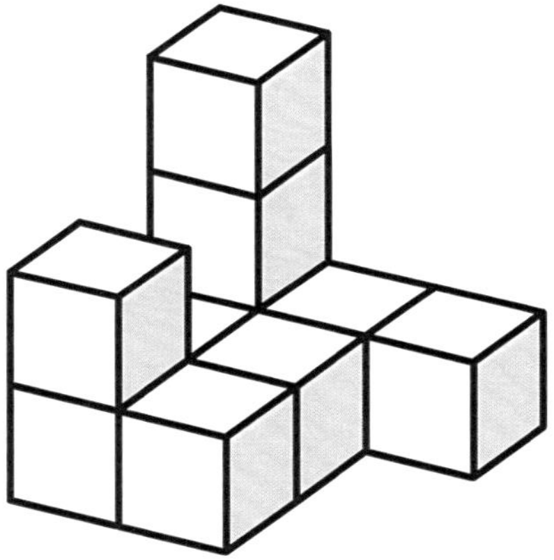

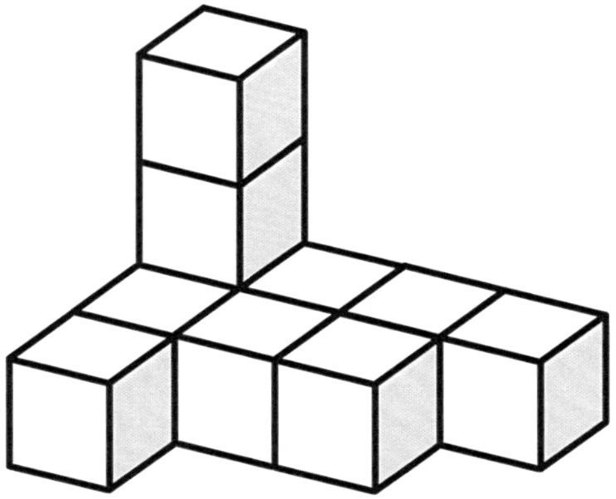

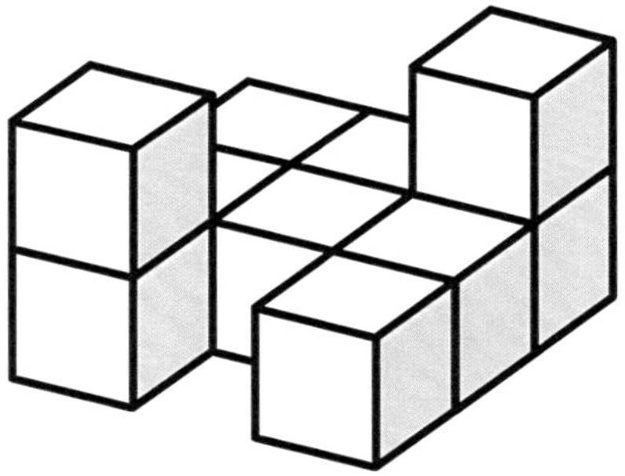

問題２８

①

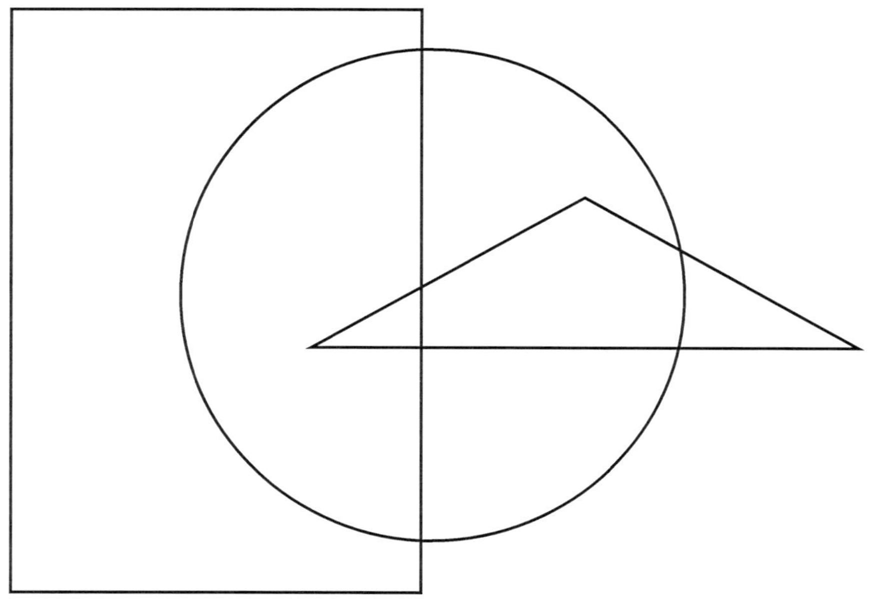

②

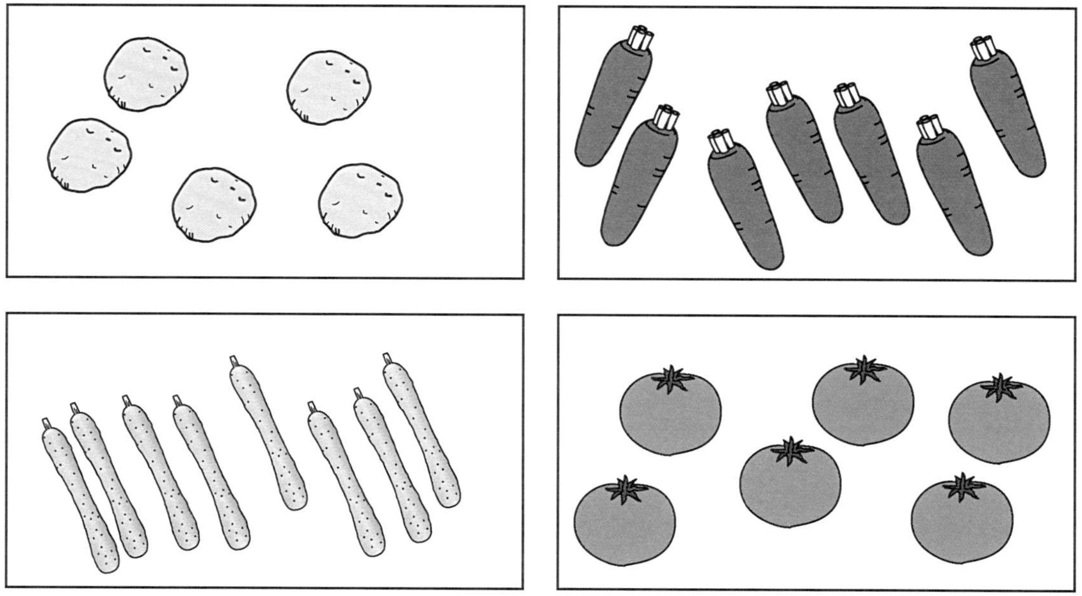

　

日本学習図書株式会社

問題２９

問題３１

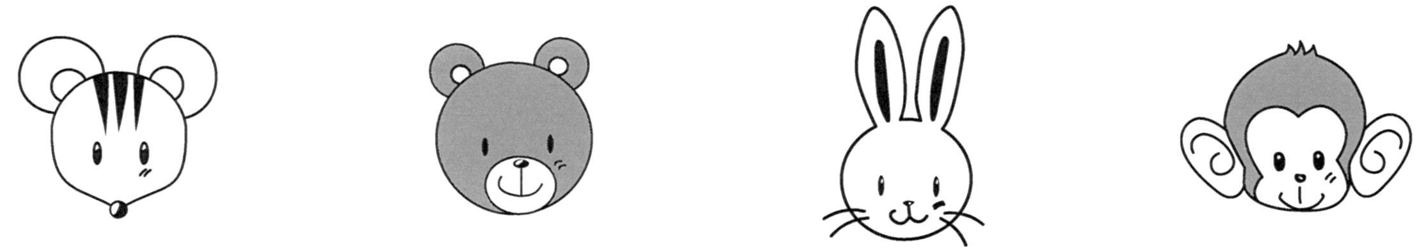

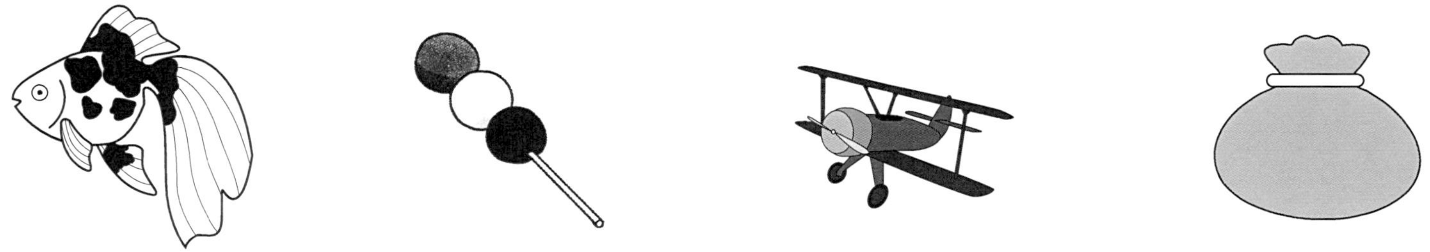

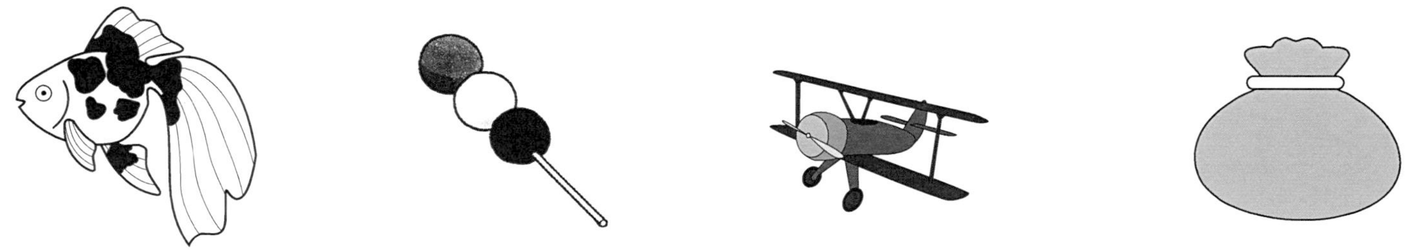

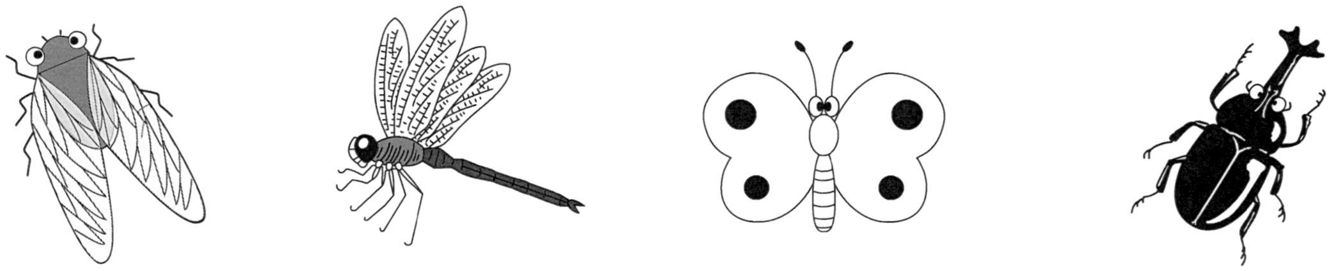

問題３２

①

②

見本例

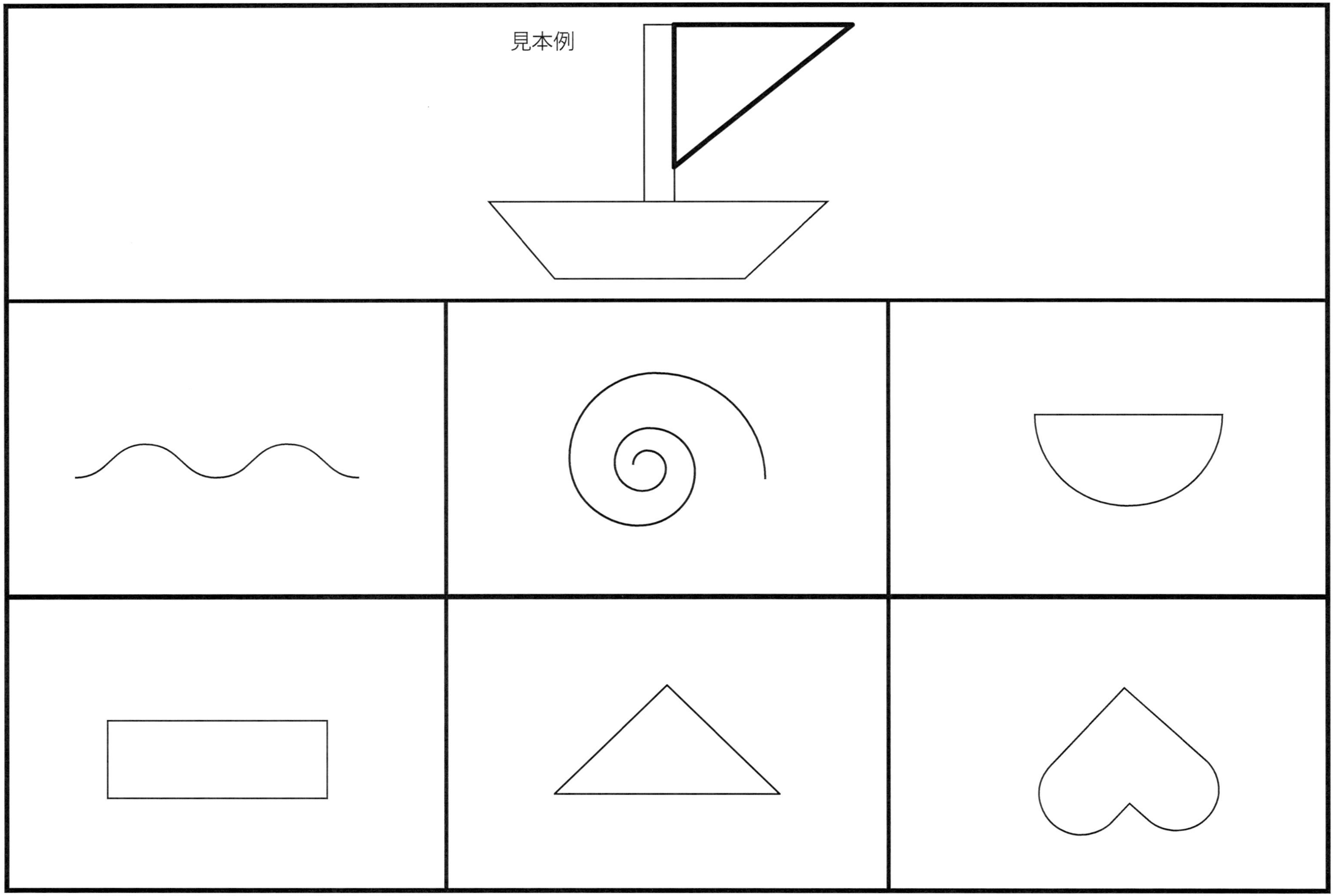

問題34－1

②

問題３４－３

③

問題３５－１

①

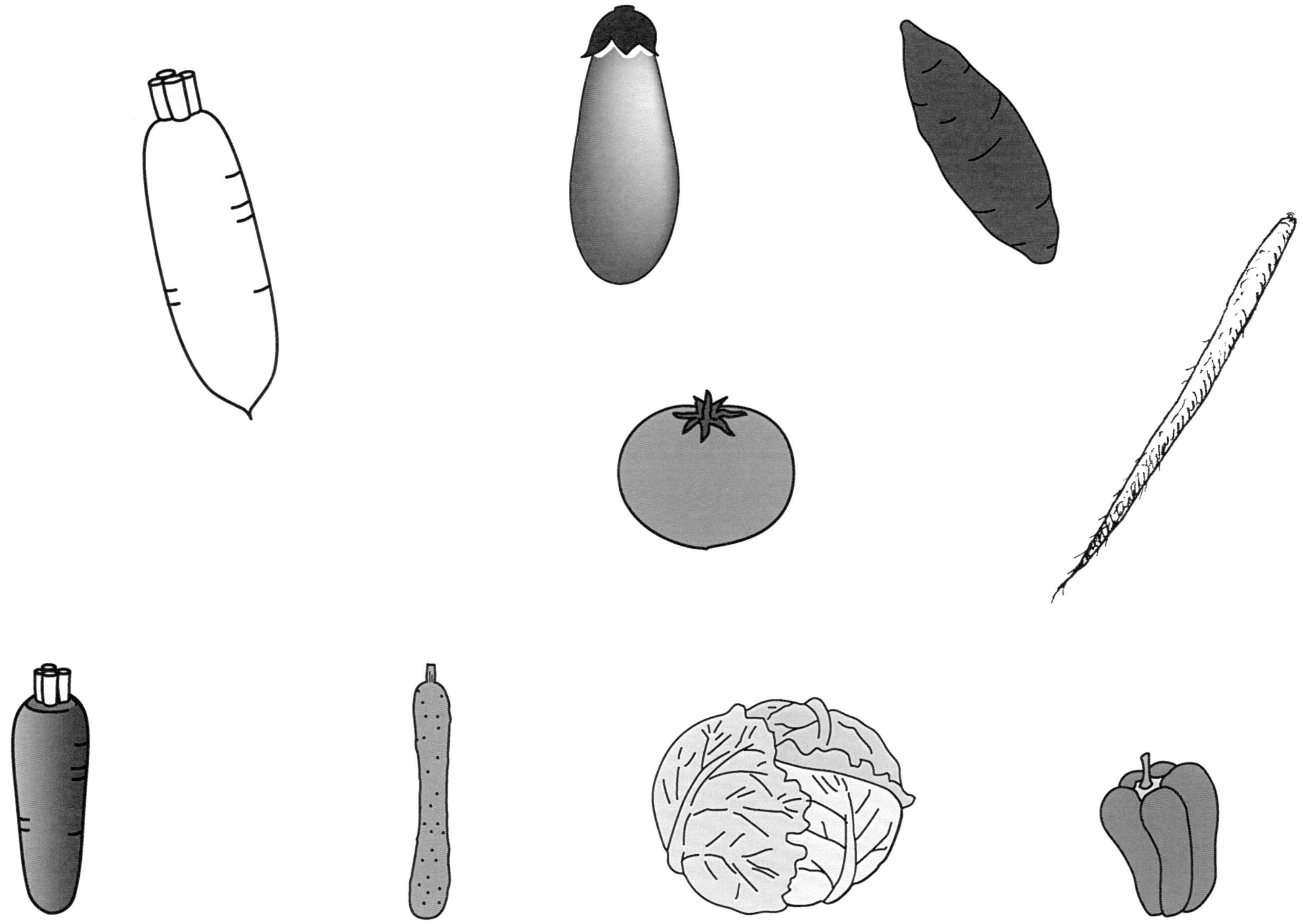

②

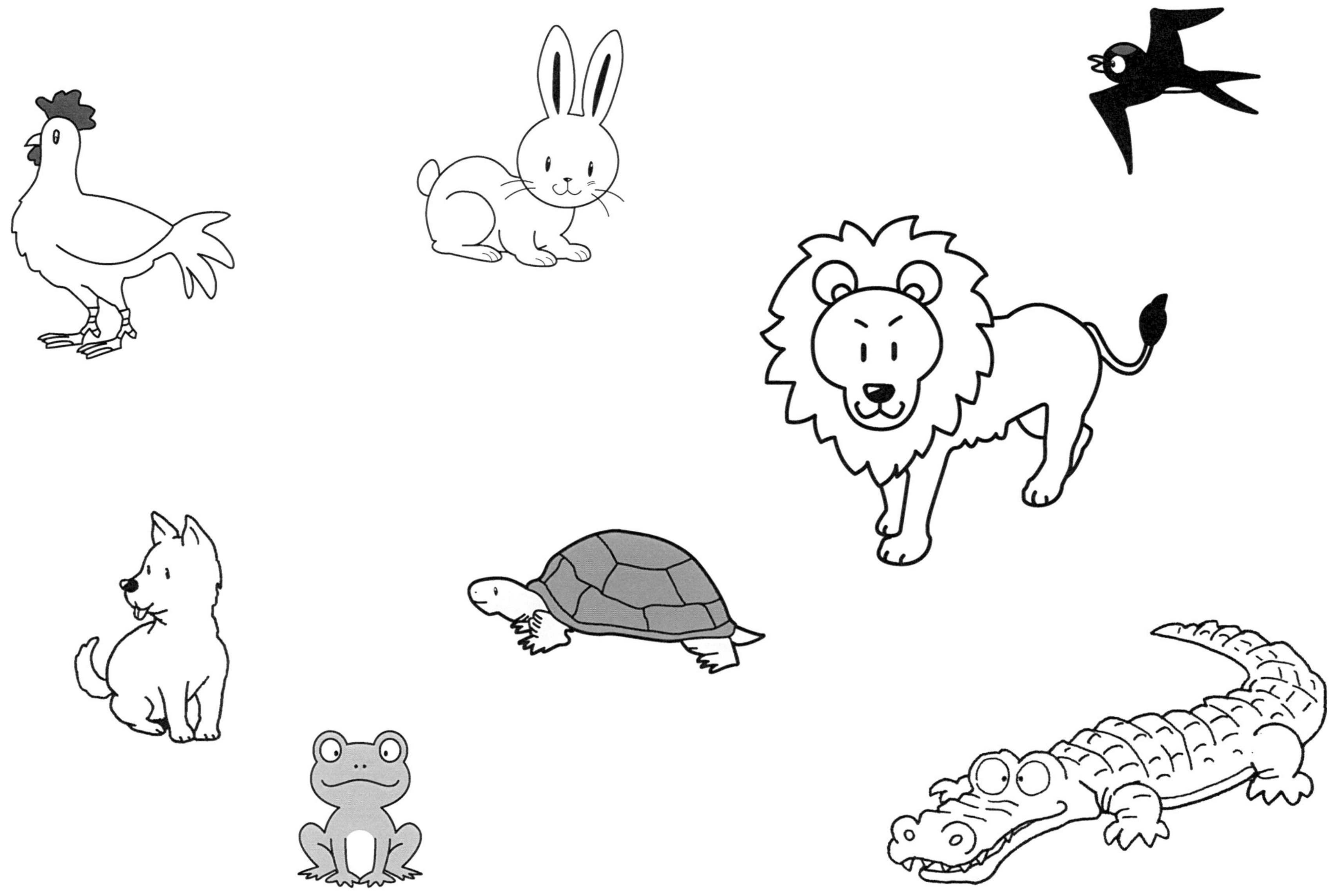

③

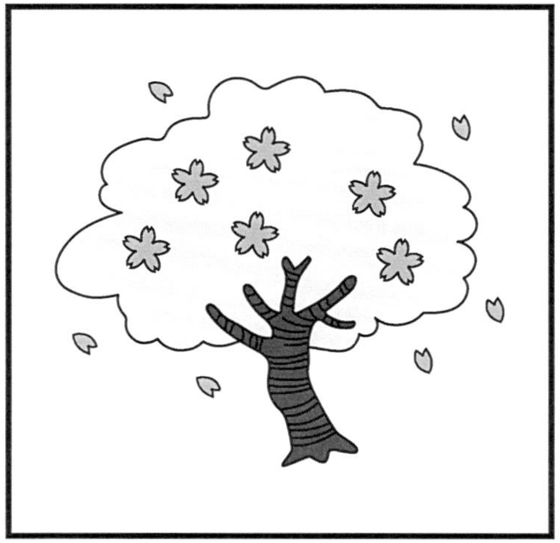

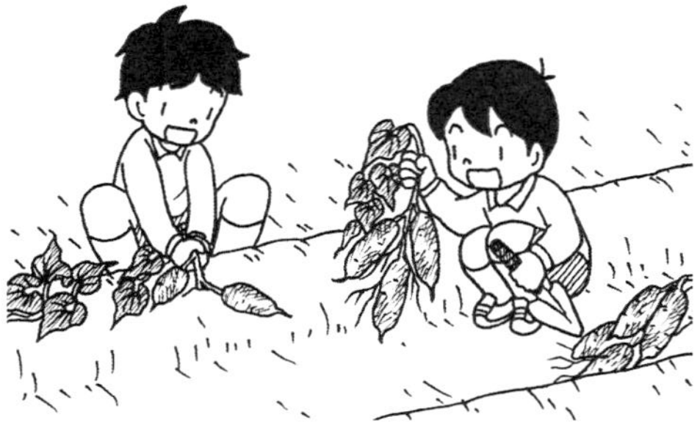

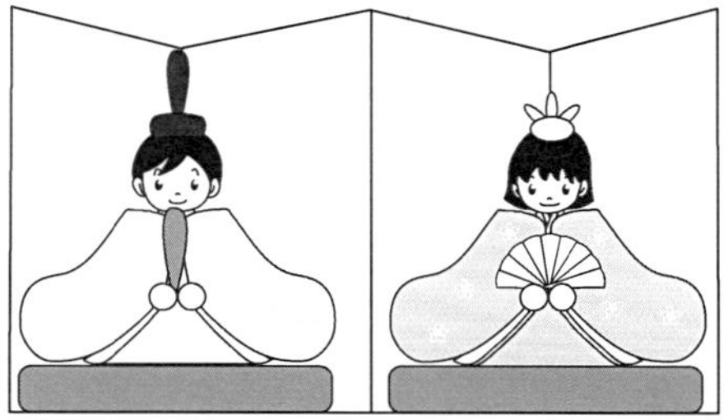

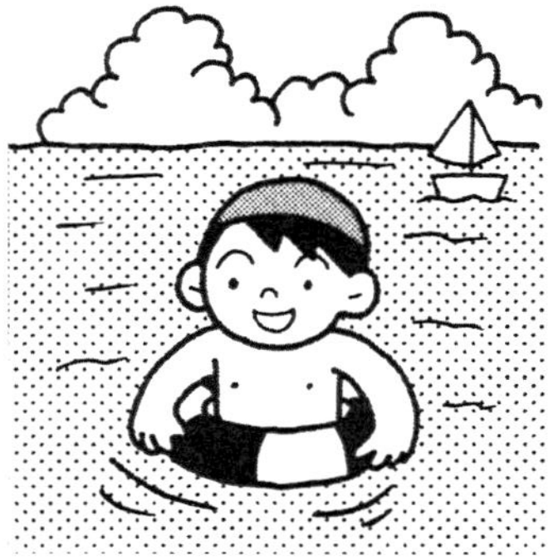

問題36－1

①

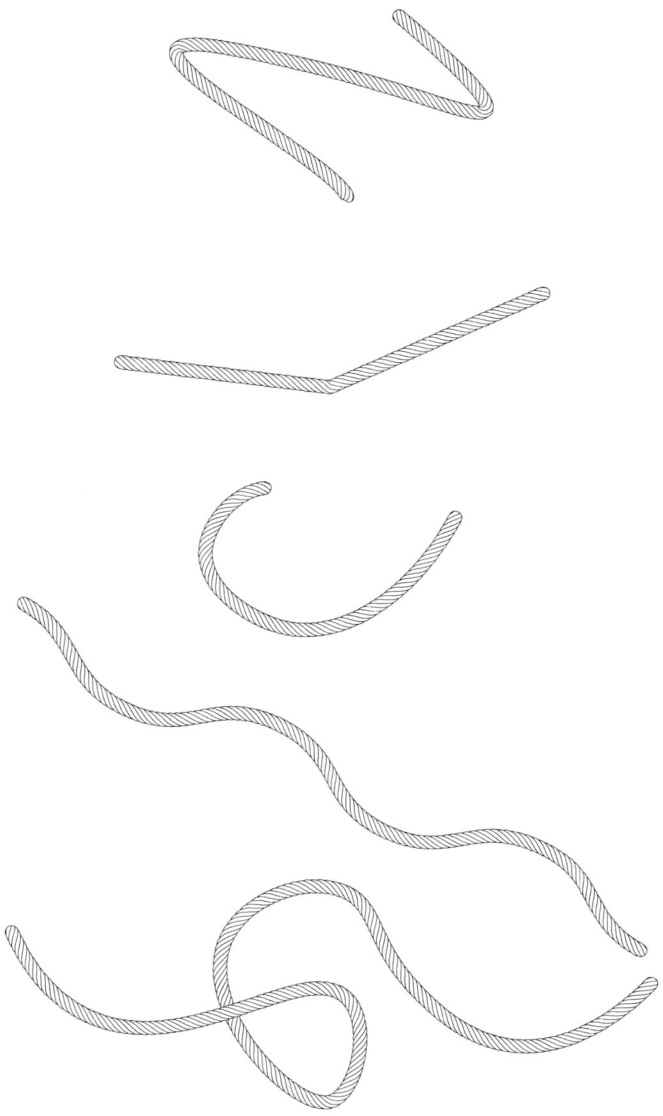

②

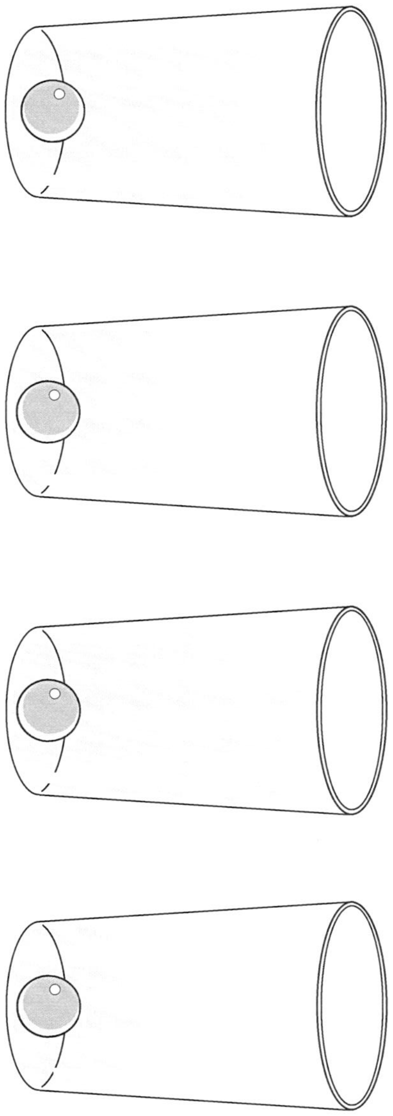

2023 年度　鳴門教育大附小　過去　無断複製／転載を禁ずる　　日本学習図書株式会社

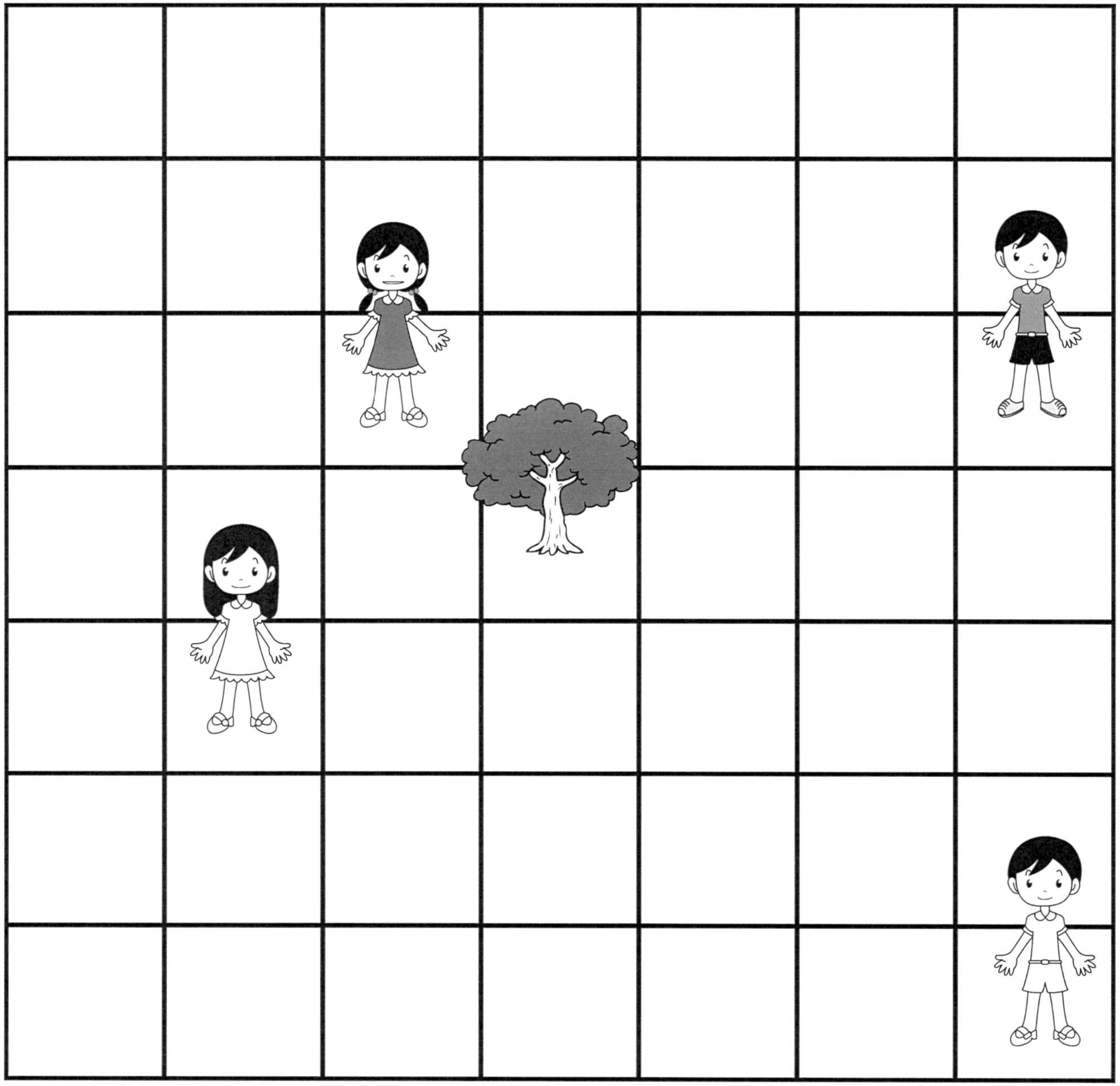

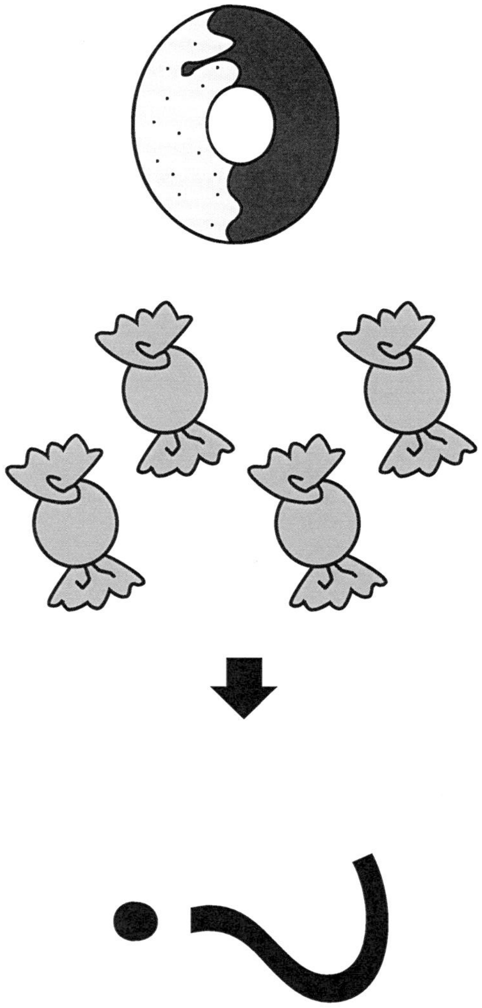

①

②

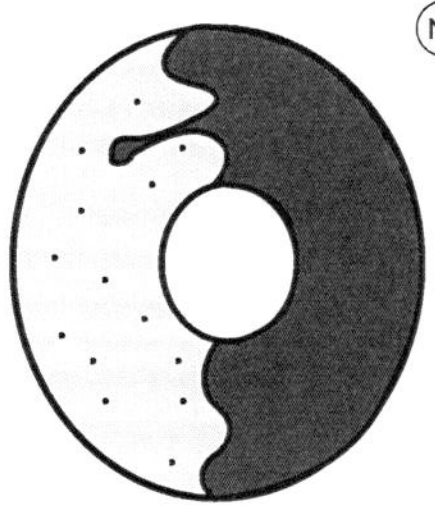

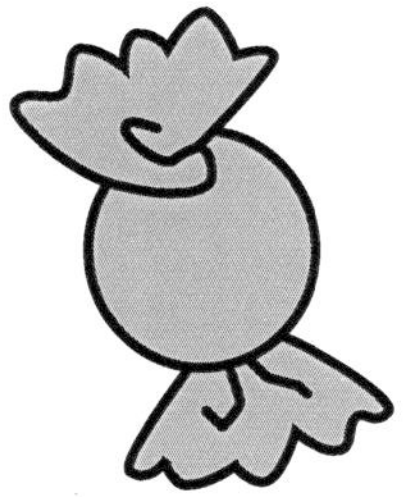

問題３８

①

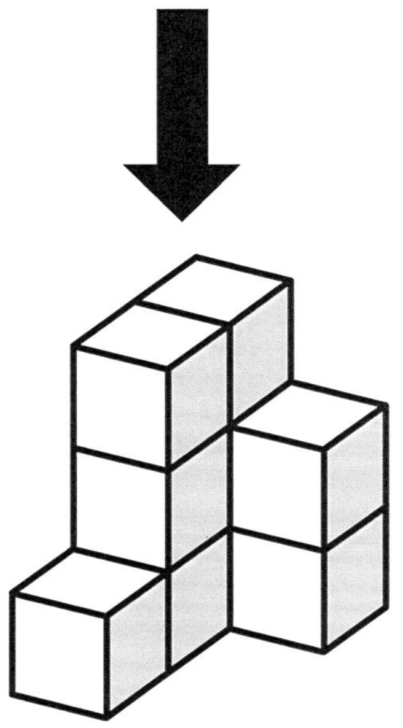

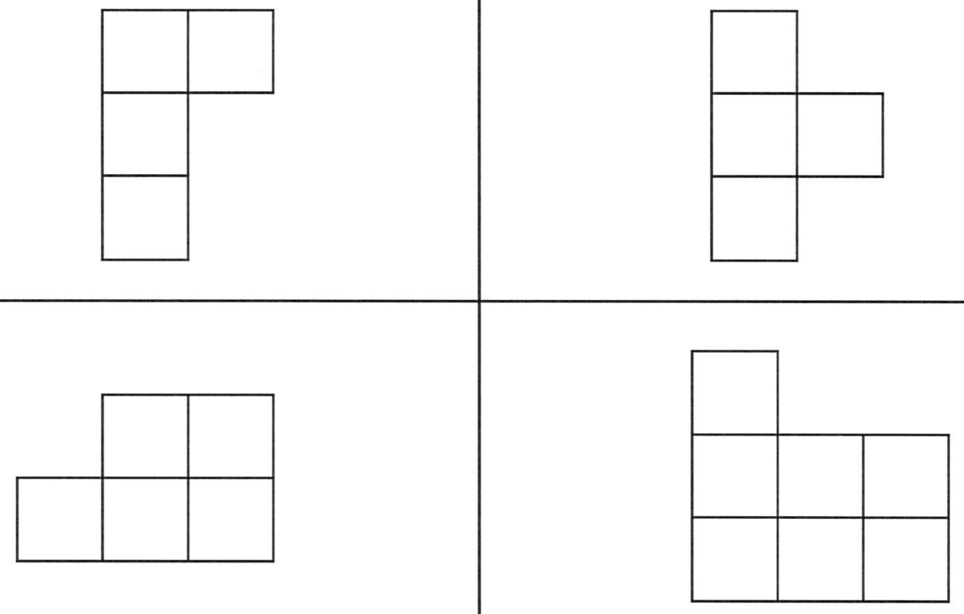

②

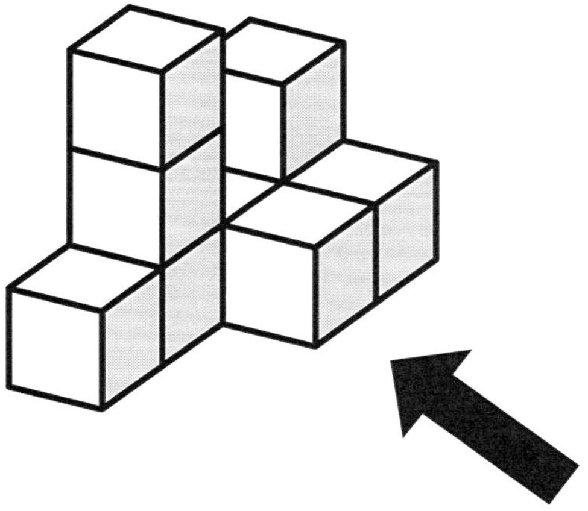

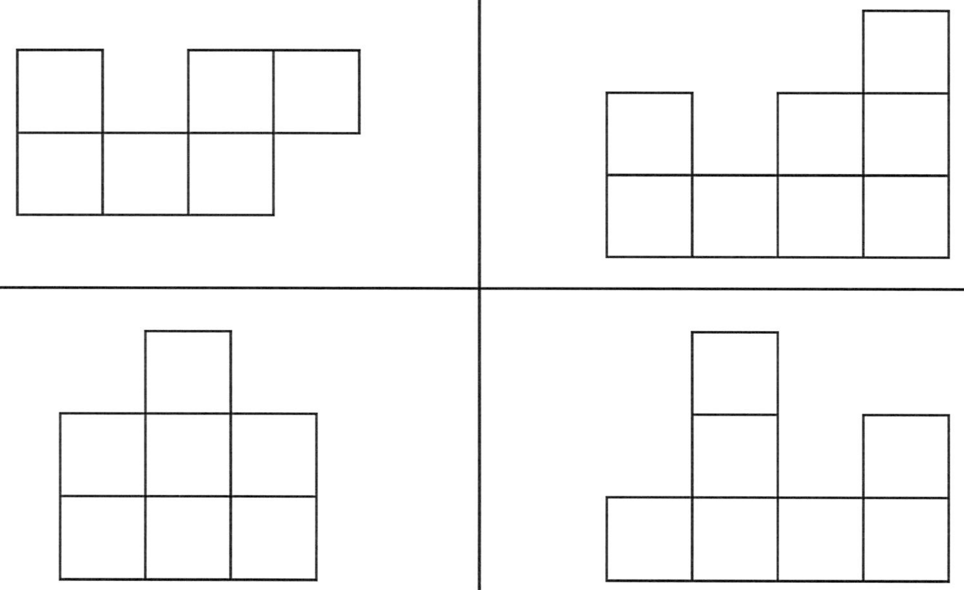

日本学習図書株式会社

問題３９

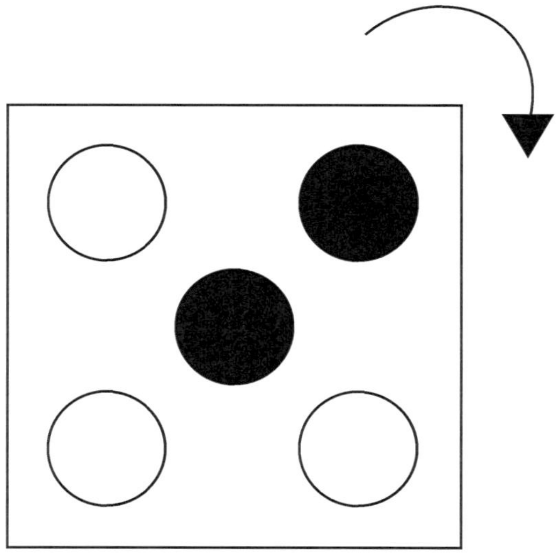

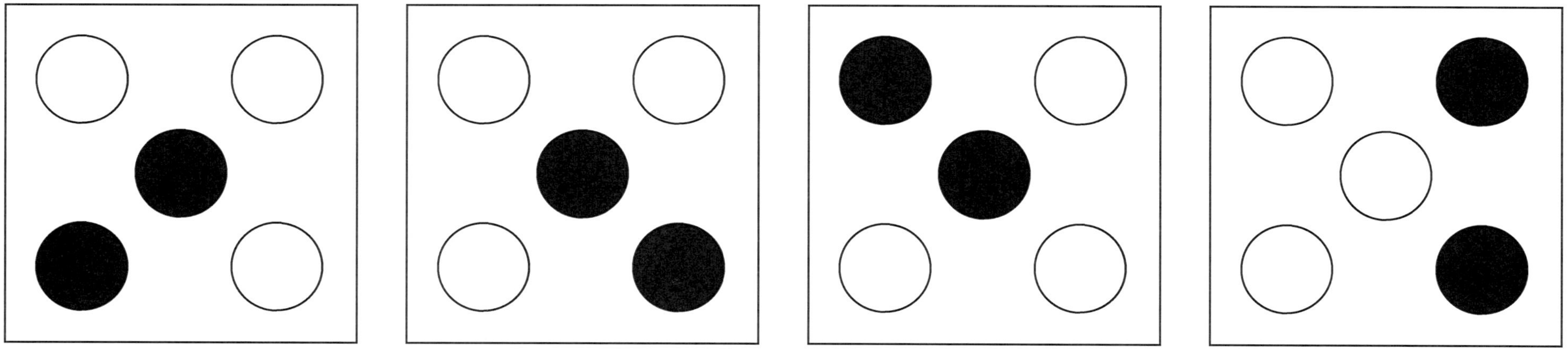

2023 年度　鳴門教育大附小　過去　無断複製／転載を禁ずる　日本学習図書株式会社

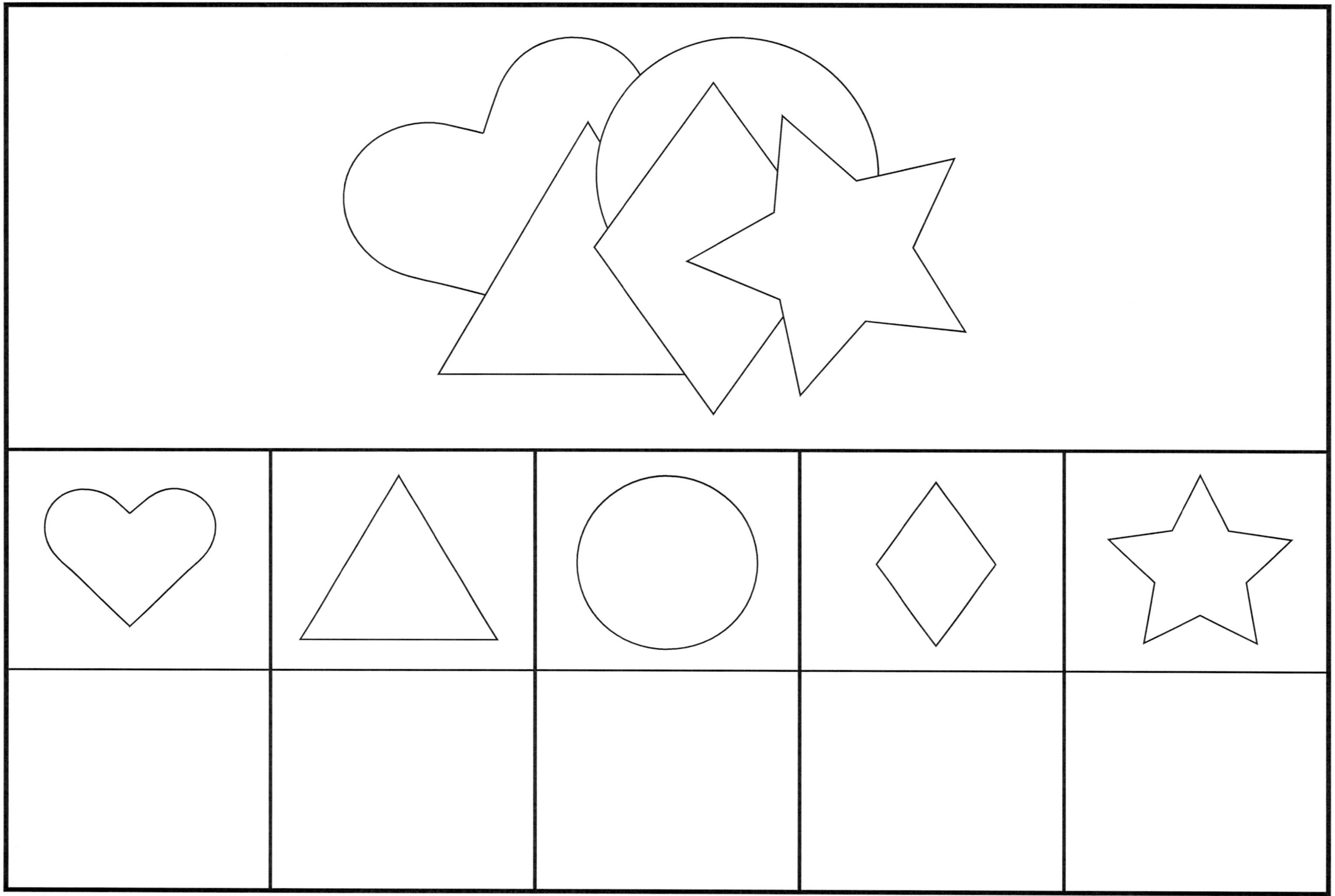

2023 年度　鳴門教育大附小　過去　無断複製／転載を禁ずる　日本学習図書株式会社

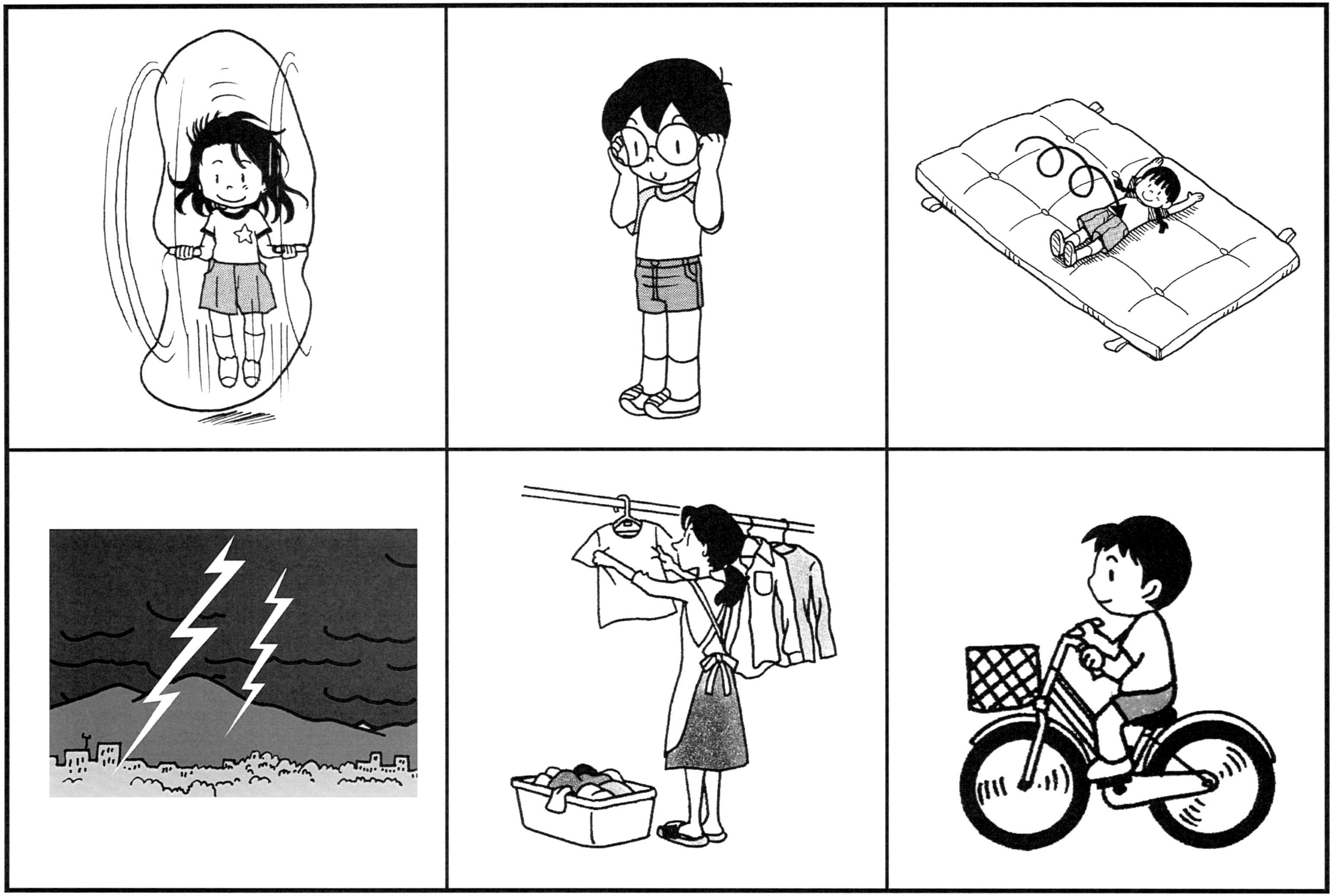

2022年度入試
解答例・学習アドバイス

解答例では、制作・巧緻性・行動観察・運動といった分野の問題の答えは省略されています。こうした問題では、各問のアドバイスを参照し、保護者の方がお子さまの答えを判断してください。

問題1　分野：お話の記憶

〈解答〉　①：左端、左から２番目（ハンカチ、ティッシュ）　②：真ん中（リスさん）
③：左端（タヌキさん）④：左から２番目（ティッシュ）

お話の記憶の問題としては基本的な問題となります。お話の記憶の問題を解く力は、読み聞かせの量に比例するといわれます。お話の記憶を解く力は一朝一夕には身につきません。毎日、コツコツと読み聞かせを行い、読み終えた後に、あらすじを言わせたり、質問をして、記憶力を身につけることをおすすめいたします。また、入学試験では、このような体験に基づく内容の問題も出題されることがあります。こうした内容の場合、生活体験の多少、有無も記憶には大きく影響します。お話の内容と同じような経験をしていると、自分になぞらえて覚えることができるので、記憶もしやすくなります。

【おすすめ問題集】
１話５分の読み聞かせお話集①・②、１話７分の読み聞かせお話集入試実践編①
お話の記憶 初級編・中級編・上級編、Ｊｒ・ウォッチャー19「お話の記憶」

問題2　分野：常識（季節）

〈解 答〉　下図参照

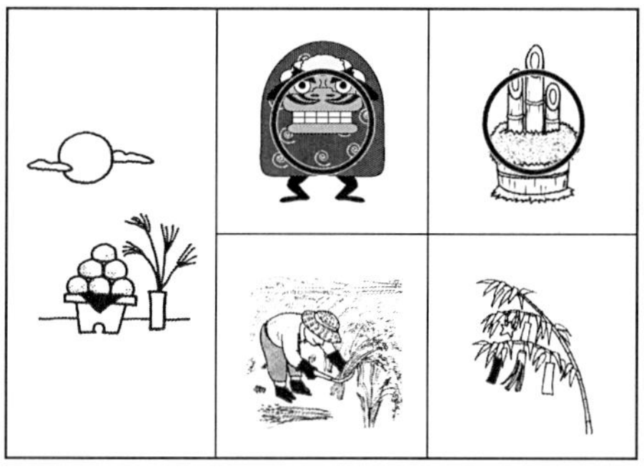

近年、季節の行事をしない家庭が増えています。また、食材なども一年中販売されており、季節感を感じにくくなっています。しかし、だからといって出題されないという理由にはなりません。季節の行事を通して様々な知識や体験を増やし、自然からも様々なことを学びます。季節など、常識の問題を出題する目的は、知識の習得をする際、関連する知識も学ぶことで、好奇心を育ませることも狙いの一つとして含まれています。学習をする際、何かを学ぶ際に、関連することも一緒に話をしてあげるように心がけてください。そのためには、保護者の方が多くの雑学、関連した知識を持つことが大切です。教育関連機関の調査によると、お子さまを取り巻く環境に「学び」に関する刺激が多ければ多いほど、お子さまの学力が高いという結果も出ています。

【おすすめ問題集】

Ｊｒ・ウォッチャー34「季節」

問題3　分野：常識（理科）

〈解答〉　下図参照

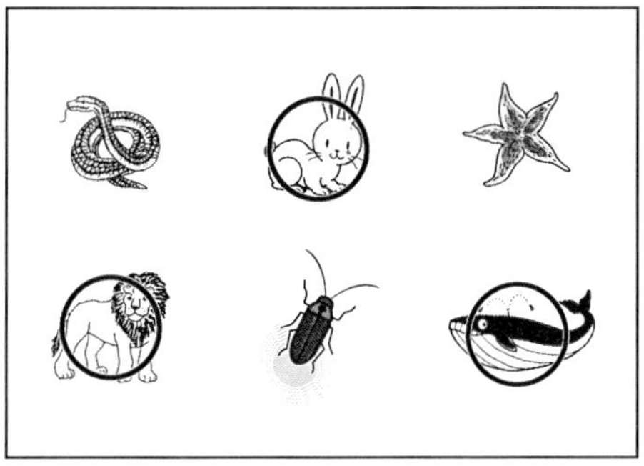

小学校受験で、生物の生態に関する問題は、一般的な内容となっています。生き物の中にはカエルに代表されるような、成長するに従って変態していく生き物もいれば、その姿のまま成長していく生き物もいます。また、ほ乳類でも卵を産む生物が存在します。指導する際は、しっかりと調べてから教えるようにしてください。今回は赤ちゃんを産む生き物についての質問です。生き物の分類については、色々な観点から仲間作りをしてみましょう。学習をする際、クイズ形式など、お子さまが興味・関心を持つことを意識しながら学びを行うと良いでしょう。保護者の方には、昆虫など、生き物が苦手な方もいらっしゃると思いますが、直ぐに拒否をしてはお子さまの成長には繋がりません。我慢をして、その生き物の特徴などを質問してあげてください。実物に勝る学習はありません。

【おすすめ問題集】

Ｊｒ・ウォッチャー27「理科」、55「理科②」

問題4　分野：常識（理科）

〈解 答〉　下図参照

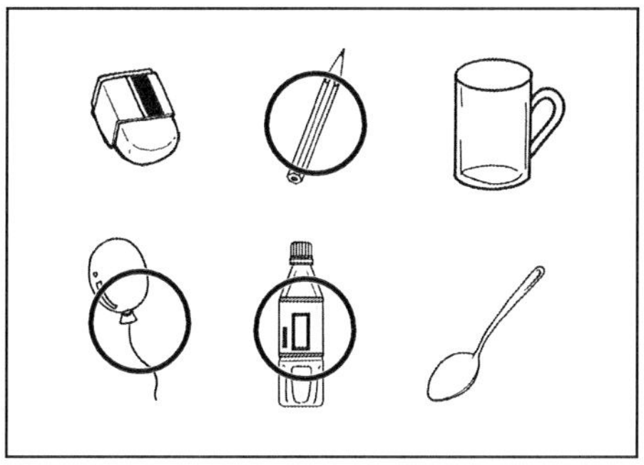

この問題も小学校入試ではよく出題される問題です。この問題の場合、できることなら実物を用意し、お子さま自ら実験を行って正誤を判定すると良いでしょう。実験をする際は、物の浮かべ方やその物の材質により浮沈が変わります。気をつけましょう。1円玉などは、表面張力の作用により、慎重に水におけば浮きます。しかし、水に濡れれば沈んでしまいます。こうした物は浮く物には入りません。また、鉛筆などはどんな入れ方をしても浮いてきます。このような物は浮く物となります。まずは、この違いをしっかりと把握しましょう。身近な物を活用した体験が正誤に影響する分野の一つです。楽しみながら実験をしてください。

【おすすめ問題集】

Ｊｒ・ウォッチャー27「理科」、55「理科②」

問題5　分野：想像画

〈解 答〉　省略

絵画制作は、生き生きと線が描けているかを確認してください。小さな絵をたくさん描くと、一見、上手に見えますが、子どもらしい絵とは言いにくいものになりがちです。子どもらしい生き生きとした絵を描くために、絵の練習をする前に、長い線を大きく書く練習をしてください。手首だけを活用して引く線ではなく、腕を使って線を書くイメージです。そのためには、カレンダーの裏側などの大きな紙に書くようにしましょう。また、はみ出してもいいように新聞紙を下に敷いておけば、テーブルが汚れることはありません。お子さまの絵を修正するとき、小さく描いているお子さまに大きく描く指導をするよりも、大きく描いているお子さまに小さくまとめてねと指導する方が楽だと言われていますし、いい絵が描けるようになるとも言われています。家庭で練習をする際、上手く描く前に、生き生きと描けているか、描く際、問題で指示されていることができているかをチェックしてみましょう。

【おすすめ問題集】

Ｊｒ・ウォッチャー22「想像画」

問題6　分野：常識（マナー）

〈解 答〉　下図参照

近年、常識問題（道徳）は差がつく分野の一つとなっています。また、全国的にも出題頻度がアップしている分野の一つになっています。特にコロナ禍になり、お子さまの生活体験が減少している状況下、どのようなことを各家庭で躾けられてきたのかは、学校側も気になっていることでもあり、こうした道徳問題の出題頻度が上がっている理由でもあります。また、学校によっては、常識分野の配点を上げている学校もあり、重視していることがうかがえます。この問題は日常生活全てが学習であり、生活そのものが出題になる分野です。保護者の方は、入試だからと指導するのではなく、お子さまの成長に大きく影響する分野ですから、お子さまの成長を考慮して躾をすることをおすすめいたします。

【おすすめ問題集】

Ｊｒ・ウォッチャー12「日常生活」、56「マナーとルール」

問題7　分野：常識（日常生活）

〈解答〉　下図参照

この問題は１つひとつ解答記号をつけなければなりません。お子さまは問題をしっかりと聞いて対応していたでしょうか。今までの問題は、解答を選択して解答記号をつける問題でしたが、この問題はそうではありません。こうした出題がされたとき、しっかりと問題を聞いていないと、対応ができません。問題自体は難易度の低い問題ですから、直ぐに判断はつくと思います。概ね、この簡単な出題の場合、解答時間も短く設定されていることが多いため、じっくりと考えて答えるのではなく、直ぐに解答が出せるようにしていただきたいと思います。その他では、解答記号をしっかりと書いているか、筆圧は大丈夫か、筆記用具の持ち方は正しいかなども併せてチェックしてください。

【おすすめ問題集】

Ｊｒ・ウォッチャー12「日常生活」

問題8　分野：常識（理科）

〈解 答〉　下図参照

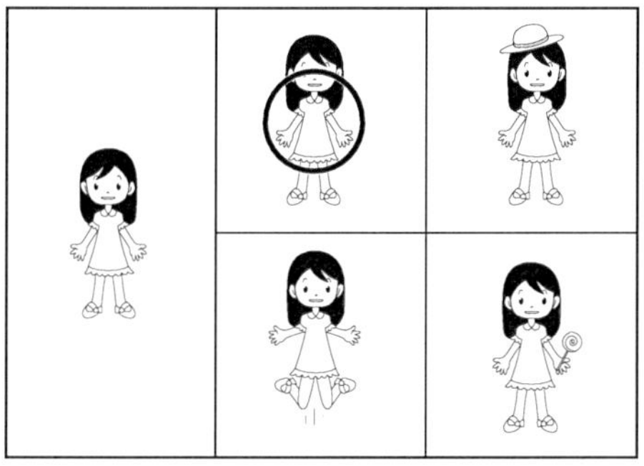

鏡に映ることで、左右が反転します。まずはこのことがしっかりと頭に入っているでしょうか。その点が理解できていないと正解するのは難しくなります。理解できていないお子さまの場合、口頭で説明しても頭の中で混乱してしまい、理解は難しいと思います。特にこうした論理的思考力を必要とする問題を指導する保護者の方は、丁寧に、分かりやすく説明しようとするため、説明が長くなってしまいます。説明が長いほど、お子さまの中では話が混乱し、難しいと認識させてしまい、かえって逆効果になります。指導のポイントとしては、まずは、鏡を出してお子さま自身にさせてみること。自分自身を映すことで鏡に映ると左右が反転することが分かります。次に、口頭で説明をする際は、短く、簡単に説明をするように心がけてください。

【おすすめ問題集】

Ｊｒ・ウォッチャー27「理科」、55「理科②」

問題9　分野：常識（理科）

〈解答〉　下図参照

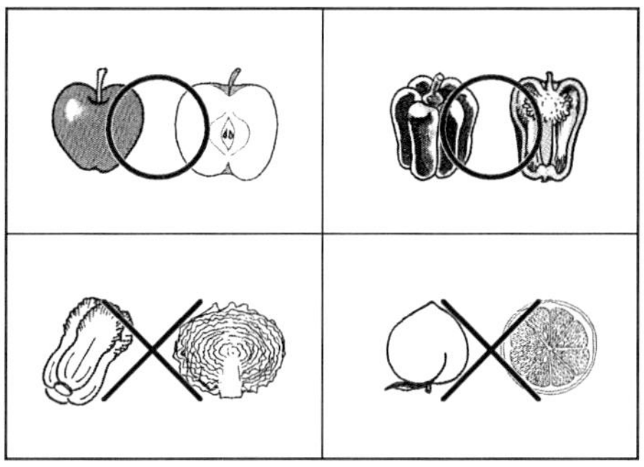

食材の断面もよく出題される問題の一つです。食材の断面は、知識として教えるのではなく、実際に体験をして学ぶことをおすすめします。縦に切ったときはどうなるのか、横に切ったときはどう見えるのかを、先に予測させてから、お子さまに切らせてください。体験に勝る学習はありません。体験させるときも、ただ、切らせるのではなく、お子さまが興味・関心を持つような言葉かけをする必要があります。今回は切り口とその物が合っているいるか否かを問われています。この問題はできる、できないがはっきりと分かれる問題です。こうした問題をしかりと正解することで、合格に近づいてきます。興味を引く内容の一つとして、ピーマンを縦と横で切らせた後、「斜めに切ったらどう見えるか」を質問してみてください。恐らく戸惑うお子さまがほとんどだと思います。切り口は縦と横だけでなく、斜めもあるかもしれません。斜めに切ったらどのように見えるか、想像した後実物と比べることで、よい学習になります。

【おすすめ問題集】

Ｊｒ・ウォッチャー27「理科」、55「理科②」

問題10　分野：音楽

〈解答〉　省略

出題されている楽器は、小学校受験ではよく見られる物ですが、音色については口頭での説明は難しいでしょう。できれば実際に音を聞くことが望ましいのですが、なかなか環境が整わないと思います。そのような場合は、インターネットなどを活用して、音を聴いてみましょう。そのときの音色の違い、どんな印象を持ったかなど、その音に関する話を取り入れ、定着するように心がけます。他にもリズム、曲、流れてくる音楽に合う絵を選ぶなど、音に関する出題がみられます。こうした内容の学習は、学ぶというよりも楽しむことを重視して行うことをおすすめします。例えば、似た楽器の音色を聞き比べ、大きさが変わると音もどのように変わるのかなども楽しむこともおすすめです。例えば、バイオリンと、ビオラ、チェロ、コントラバスなど、似た弦楽器の音を聞き比べをするような感じです。実際の入学試験ではこのような比較は出題されませんが、音に関する興味・関心を持たせるにはおすすめです。

【おすすめ問題集】

Ｊｒ・ウォッチャー20「見る記憶・聴く記憶」

問題11　分野：図形（積み木）

〈解 答〉　下図参照

積み木を使ってできる絵を探す問題は、積み木での遊びの多少、有無が正誤に大きく影響します。このような問題は、保護者の方が答え合わせをするのではなく、積み木を用意し、お子さま自身で積み木を積んで、正解か不正解かを判定させることをおすすめします。実際に積ませることで、どこがおかしいのかが分かります。こうした答え合わせが検証になり、お子さまの理解へと繋がっていきます。最初は時間がかかるかもしれませんが、なれてくれば解答時間が短くなってきます。焦らず取り組むようにしましょう。

【おすすめ問題集】
Ｊｒ・ウォッチャー10「四方からの観察」、53「四方からの観察　積み木編」

問題12　分野：推理（欠所補完）

〈解 答〉　下図参照

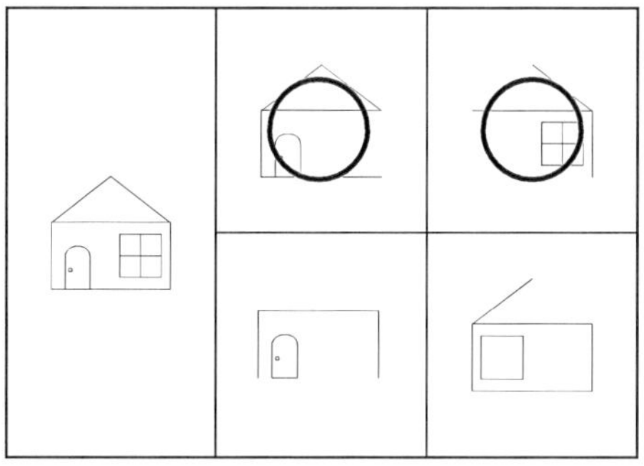

欠所補完の問題は、位置関係の把握がポイントです。絵が複雑になっていても、描かれてある絵の特徴、位置がしっかりと分かっていれば、正解することができます。この問題は、クリアファイルを用いて練習することができます。ホワイトボード用のペンで、クリアファイルの上から図形をなぞり、描いた物を他の図形に重ねれば、正しい組み合わせか否かを判断することができます。他の図形問題にも応用することができるため、お勧めの練習方法です。

【おすすめ問題集】
Ｊｒ・ウォッチャー９「合成」、35「重ね図形」、54「図形の構成」

問題13　分野：常識（理科）

〈解答〉　下図参照

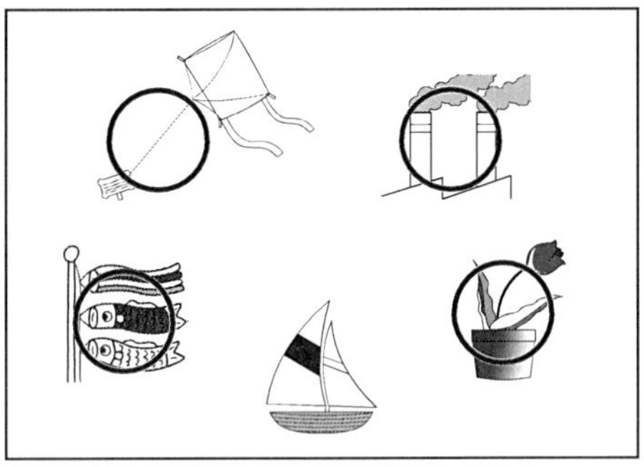

風の方向に関する問題です。なびく方向は風が吹いてきた方向と同じになります。その点が分かっていなければ解答することはできません。これは扇風機とビニール紐などを活用し、風の方向となびく方向の関連性を把握することができます。その上で、問題に取り組めば、落ち着いて解くことができますし、どこをみればよいのかも直ぐに分かるでしょう。

【おすすめ問題集】

Ｊｒ・ウォッチャー27「理科」、55「理科②」

問題14　分野：常識（日常生活）

〈解答〉　下図参照

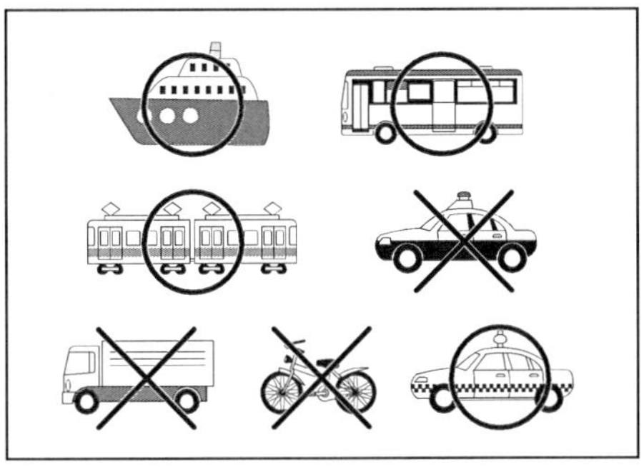

乗り物の働きに関する問題ですが、これも生活体験によって解答することができます。こうした日常生活に関する問題は、知識として覚えるのではなく、生活体験から解答を導き出せるとよいでしょう。どのような場所で、どのような用途で乗る乗り物かを考えれば分かると思います。話を生活に関連づけることでお子さまの理解度もアップするでしょう。

【おすすめ問題集】

Ｊｒ・ウォッチャー12「日常生活」

問題15　分野：常識（日常生活）

〈解答〉　下図参照

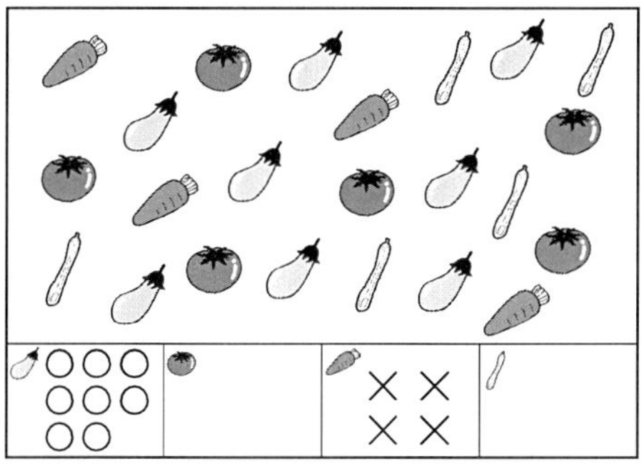

複数の物の数を比較する問題ですが、このような問題で間違えるときは、重複して数えてしまう、数え忘れてしまう、のどちらかになると思います。この原因は、数える方向が一定ではないことです。数える時、物をみるときの方向を常に一定にすることで前述したミスは払拭できます。また、数えた物に小さな印をつけることも、ミスを防ぐ方法ですから、両者を合わせた対策をおすすめいたします。最初のうちはなれないため、スピードも遅いと思いますが、数をこなすことでスピードも上がってきます。焦らず取り組みましょう。

【おすすめ問題集】

Ｊｒ・ウォッチャー14「数える」、37「選んで数える」

問題16　分野：推理（比較）

〈解答〉　下図参照

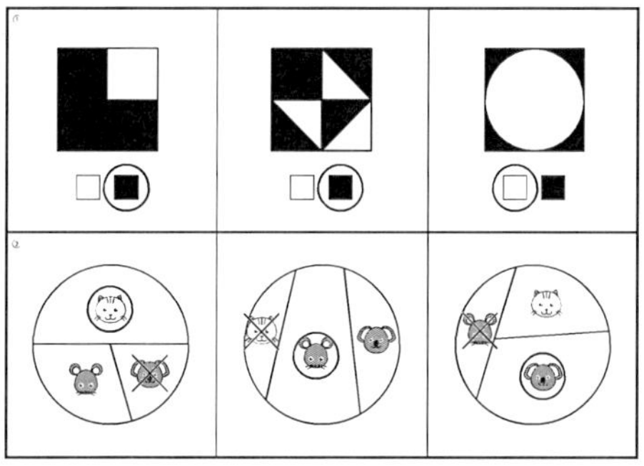

面積の比較ですが、問題によっては直ぐに違いが分かるものもありますし、じっくり考えるものもあります。　このような問題の場合、時間配分も重要になってきます。まずは、分かる問題から取り組み、分からない問題は飛ばすことも大切です。そして時間が余ったら、後から再チャレンジする方法を身につけると良いでしょう。設問数が多い場合、こうしたやり方を知っているのと知らないのとでは点数に大きく影響してきます。問題を解いた後は、実際に白と黒をハサミで切り離し、上に重ねるなどして比較をしてください。検証をしたとき、ハサミの使い方、渡し方、置いたときの状態などはどうでしたか。切りとったゴミはどうしたでしょう。こうしたことも一緒に学ぶことができます。保護者の方は問題を解くことばかりに意識を集中するのではなく、こうした関連することもしっかりとチェックしてください。

【おすすめ問題集】
Ｊｒ・ウォッチャー29「行動観察」、面接テスト問題集

問題17　分野：行動観察（集団行動）

〈解答〉　省略

集団行動に関する問題は、課題をこなせるかどうか、取り組んでいる姿勢、待っているときの態度、指示の遵守、お友達との関係性など、複合的に観られます。その日、初めて会ったお友達と聞いたばかりの課題を一緒に行い、完遂するのは難しいことです。なかなか上手くいかないと思いますが、できないからと落ち込んだりするのではなく、最後まで一生懸命取り組む姿勢が重要です。こうしたことは、日常生活での行動が大きく影響します。普段から、諦めずに取り組むことを心がけてください。特に待っているときの態度は大切です。実技がしっかりできていても、待っているときの態度が悪いと、大きな減点がついてしまいます。

【おすすめ問題集】
Ｊｒ・ウォッチャー29「行動観察」

問題18　分野：面接

〈解答〉　省略

単なる集団面接ではなく、積極性が必要な集団面接です。苦手なお子さまもいらっしゃると思いますが、「自分の思ったことを先生に教えてあげて。」など、ハードルを低くするアドバイスを心がけてください。また、この面接テストでは、行動観察で行ったことを問われています。ですから、質問の内容自体は難しいものではありません。自分が行ったことをそのまま伝えましょう。回答を作る必要はありません。先生の目を見て、堂々と、大きな声で伝えるように心がけましょう。また、後半の質問内容は、常識的な内容になっています。これらの質問も手を挙げて回答しなければならないという点に注意しましょう。他のお友達が答えてから挙手をしたり、全く同じ言葉で真似るのも良いとは言えません。しっかりと自分の考えを伝えられるようにしょましょう。

【おすすめ問題集】
Ｊｒ・ウォッチャー29「行動観察」、面接テスト問題集

問題19　分野：お話の記憶

〈解答〉　①○：左から２番目（棚）　②○：左端（水やり）　③○：右端（クマ）
④○：左から２番目（チューリップ）、右端（チョウ）

当校のお話の記憶の問題は、登場人物が少なくわかりやすいお話が多いので、記憶しやすいように思えるのですが、意外とストーリーは複雑です。こうしたお話は「誰が」「何を」「どのように」といったポイントを押さえながら聞くことが必要になってきます。それさえしておけばほとんどの質問に対応できるでしょう。注意したいのは④のようにお話には直接関係ない質問です。ここでは季節について聞いていますが、話では「何を描いたか」には触れていないので、知識がないと答えられません。季節の常識の知識が必要になります。

【おすすめ問題集】
１話５分の読み聞かせお話集①・②、１話７分の読み聞かせお話集入試実践編①
お話の記憶 初級編・中級編・上級編、Ｊｒ・ウォッチャー19「お話の記憶」、
34「季節」

問題20　分野：音楽

〈解答〉　①ゾウ　②省略　③マラカス、鈴

当校では、音楽や音に関する問題が例年出題されています。特に難しいことを聞かれるわけではありませんが、音楽に親しんでおいた方がよいでしょう。リズムやメロディについての質問があるので、何を聞かれているかをわかる程度には音楽について知っておくべきでしょう。特別なことをする必要はないので、幼稚園などの授業で音楽を楽しく聞き、リズムに合わせて踊ったり、聴いた歌を歌ったりできるようになるとよいでしょう。①のように有名な曲も一度は聴いておくことをおすすめします。

【おすすめ問題集】
Ｊｒ・ウォッチャー20「見る記憶・聴く記憶」

問題21　分野：想像画

〈解 答〉　省略

昨年から図形を取り入れて絵を描くという課題の絵画制作が出題されています。形の大きさは問わないのでそれほど難しいものではありません。指示に従った絵を描ければそれほど悪い評価にはならないでしょう。逆に指示を守らなければ、絵としてはよいものでも、おそらくは評価の対象とはならないでしょう。年齢なりの道具の使い方、後片付けといったマナーなど、態度や姿勢に注意するのはもちろんのことですが、何よりも「指示を守る」ということをお子さまに徹底させましょう。

【おすすめ問題集】

Ｊｒ・ウォッチャー22「想像画」

問題22　分野：常識（マナー）

〈解 答〉　下図参照

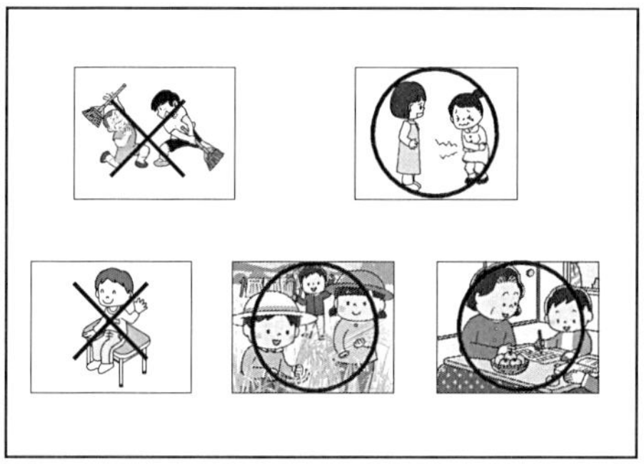

生活常識、マナー、交通ルールといった常識を聞く問題は例年出題されています。年齢なりの常識があれば答えられるものなので、特に対策は必要ありませんが、過去問題を含め答えられない、わからないものがあったようなら、「なぜいけないか」を含めて教えるようにしてください。お子さまは理由があれば納得して覚えますし、印象に残るのでなかなか忘れなくなります。「お行儀が悪いから」ではなく、「机は座るものではないから、座ってはいけない」と教えるということです。

【おすすめ問題集】

Ｊｒ・ウォッチャー12「日常生活」、56「マナーとルール」

問題23　分野：常識（季節）

〈解 答〉　①○：クワガタ　②○：テントウムシ　③○：門松

ここでは理科的常識と季節についてきいています。いずれも基本的には生活している中で自然と学ぶものですが、家庭によっては目にしにくいものや意識しないものもあるので、必要に応じて本やWebから知識を補ってください。動物なら「胎生・卵生」「棲息場所」「よく見る季節」「エサ」、植物なら「開花・収穫の時期」「種・葉などの形」などでしょうか。いずれも出題されそうな、基本的な知識だけでよいでしょう。

【おすすめ問題集】

Ｊｒ・ウォッチャー27「理科」、34「季節」、55「理科②」

問題24　分野：推理（比較）

〈解 答〉　下図参照

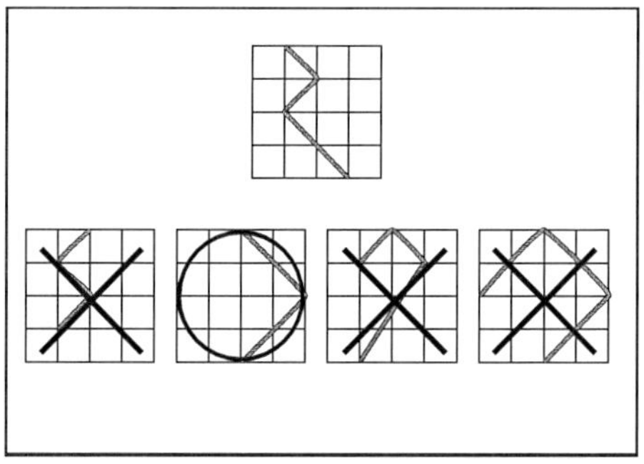

ものの長さ、重さなどを比較して順位付けする問題です。内容はさまざまですが、守って欲しいのは「何となく」で答えを決めないこと。「～だから、これが１番重い（長い・広い）」と理由を言えるように考えましょう。直感でも正解することはできるとは思いますが、それだと見返しても勘違いや見落としに気づけません。小学校入試の問題だけにそれほど複雑な問題は出題されないので、たいていの場合「（ほかの人が間違えないので）間違ってはいけない問題」になります。当校の入試でもそういった位置づけの問題です。解答時間をギリギリまで使って考えてください。

【おすすめ問題集】

Ｊｒ・ウォッチャー15「比較」、58「比較②」

問題25　分野：常識（理科）

〈解 答〉　○：ボール、板（木）　×：びん、メガネ、釘

「そっと浮かべる」といったことが言われていなければ、びんはその中に水が入って沈むので「沈むもの」に分類します。また、ボールもものによっては沈むものがあります。こうした問題も「水より比重が重いものはどれか」と聞いているのでなく、「○○を水に浮かべたら浮いた（沈んだ）」という経験のあるなしをチェックしていると考えてください。浮かんだものは「中に空気が入っている」など理由をお子さまといっしょに考えてみましょう。

【おすすめ問題集】

Ｊｒ・ウォッチャー27「理科」、55「理科②」

問題26　分野：常識（理科）

〈解 答〉　①○：右から２番目、ほかは×　②○：煙突、風船、女の子

理科的常識を聞く問題です。「影」、「風」ともに小学校受験全体で見るとそれほどよく見られる問題ではありませんが、当校ではよく出題されているので、注意しておきましょう。対策としては繰り返しになりますが、問題を解いて答えを覚えるだけで学習を終わりにしないことです。似たようなことで構わないので、実際の現象や実物を見ましょう。理屈は現時点で覚える必要はないので、「風があちらから吹くとこうなる」「光を当てると～のように影ができる」といった経験を積むことです。

【おすすめ問題集】

Ｊｒ・ウォッチャー27「理科」、55「理科②」

問題27　分野：複合（数量・図形）

〈解 答〉　○：左から２番目

上の積み木を見て、下の選択肢から「積み木を１つ動かしてできるもの」を選ぶ問題です。実際の積み木は用意されないので、頭の中で積み木を動かすということになります。慣れていれば自然とできるのですが、そうでなければ、動かした積み木に「✓」を入れるなどの工夫をしてください。また、上の見本の積み木を動かすよりは選択肢の積み木を動かして「１つ動かして見本の形になるのはどれか」と考えた方がスムーズに答えられるでしょう。

【おすすめ問題集】

Ｊｒ・ウォッチャー16「積み木」

問題28　分野：複合（数量・図形）

〈解 答〉　下図参照

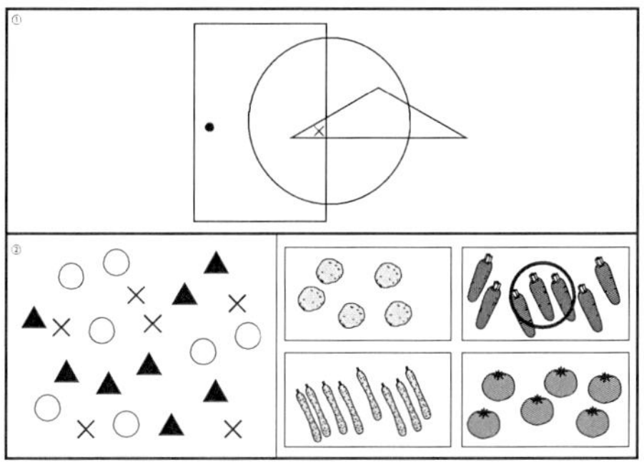

①は図形の重なっている部分を考えるという問題です。見たまま正確に答えられればよいでしょう。図形が重なっているということ自体がわからない場合は、同じような図形分野の基礎問題をやってみてください。②は同数発見で、数えることが主な課題になっています。形の違う物を数えるということはあまりやっていない場合もあるでしょうから、正確に数えることだけに注意してください。同じ方向から数え、数え間違いの無いようにすると良いでしょう。

【おすすめ問題集】

Ｊｒ・ウォッチャー４「同図形探し」、14「数える」

問題29　分野：言語（しりとり）

〈解 答〉　○：パイナップル

変わった出題の仕方ですが、内容的には簡単なしりとりの問題と言えます。「「パ」のつく言葉で、最後が「ン」で終わらない」ものを探せばよいので、答えはすぐにわかるでしょう。問題の意味がすぐにわからなかった場合、お子さまがお話を聞くということができていないことになります。話を聞く、指示を理解するというのは小学校入試全般で必要な能力なので、早急に対策をする必要があります。お話の記憶の問題だけなく、指示が複雑な推理分野の問題などをやってみてください。

【おすすめ問題集】

Ｊｒ・ウォッチャー17「言葉の音遊び」、18「いろいろな言葉」

問題30　分野：行動観察（集団行動・口頭試問）

集団行動と面接の課題です。面接は行動観察中に行われますが、ごく簡単な質問なので、質問の意図を理解してそれに沿った答えが言えれば何の問題もありません。当校の集団行動は、協調性が主な観点でしょう。トラブルなく、積極的に課題をこなしていれば悪い評価は受けません。特に目立ったり、場を仕切ったりする必要もないのでふだん通りに行動するようにお子さまには伝えておきましょう。なお、課題の後には必ず「片付け」を行うように指示あるようです。もちろん評価の対象なので油断しないようにしてください。

【おすすめ問題集】
Ｊｒ・ウォッチャー29「行動観察」、面接テスト問題集

問題31　分野：お話の記憶

〈解答〉　①右から２番目（ウサギ）　②左端（金魚）　③左から２番目（団子）
④右端（カブトムシ）

当校のお話の記憶は、例年400字程度のお話を聞き取ります。お話自体はそれほど長くありませんが、登場人物が多いので１人ひとりの行動をきちんと整理しながら聞き取らないとスムーズに答えるのは難しいかもしれません。「きちんと整理して聞く」とは「誰が何をした」ということを明確にするということです。このお話ならば、「クマくんは３日間旅行へ行くためにリスさんに金魚を預かってもらった」といったことを確認しながら聞くということになります。保護者の方は、読み聞かせをしている時に「誰が」「何を」と質問してください。何度も繰り返せばお子さまもそのことを意識するようになり、「情報を整理しながらお話を聞く」という姿勢が身に付いていきます。

【おすすめ問題集】
１話５分の読み聞かせお話集①②、お話の記憶 初級編・中級編・上級編、
Ｊｒ・ウォッチャー19「お話の記憶」

問題32　分野：音楽

〈解 答〉　①省略　②ゾウ

音楽の聞き分けの問題は例年出題されています。この問題の特徴は①のように正確なリズムを聞き分けたり、②のように実際の音とは違う音をイメージして聞き分けたり、とそれぞれ異なった聞き分けが必要なことです。というのもこれらの問題の観点がそれぞれ違っており、①の場合は「リズム」を、②の場合は「音」を理解できているかどうかが観られています。「リズム」の場合ははっきりと違いがわかるので特別な対策をする必要はありませんが、②の場合は実際の音というよりは、「そのものに対するイメージ」の音を答える問題なので、さまざまな動物を見るなどをして、お子さまの動物に対するイメージを育みましょう。その際に、保護者の方は「どのような足音かな？」と質問してください。答えによってお子さまの「動物に対するイメージ」が確認できます。お子さまの答えがお題の動物から遠い場合は、どうしてそのように思うのかをきいてから正すと良いでしょう。

【おすすめ問題集】
　Ｊｒ・ウォッチャー20「見る記憶・聴く記憶」

問題33　分野：想像画

〈解 答〉　省略

当校では例年、「山へ遊びに行った時の様子を描く」といった漠然とした課題の絵画制作が出題されていましたが、今年は図形を取り入れて絵を描くという当校としてはかなり複雑な課題の絵画制作が出題されています。内容は複雑ですが、やるべきことが明確なのでお子さまにはかえって制作しやすいかもしれません。見本の絵を見ればわかるように美的センスや技術を求められてはいないので、指示に従う、つまり図形を取り入れた絵を描けばよいのです。その条件を守れば、後は年齢なりの道具の使い方、後片付けといったマナーなど、態度や姿勢に注意すれば、悪い評価は受けないでしょう。

【おすすめ問題集】
　Ｊｒ・ウォッチャー22「想像画」

問題34　分野：常識（マナー）

〈解答〉　①③下図参照　②左上（消防車）、真ん中（救急車）

当校では例年、常識分野の出題があり、中でも理科的常識や交通ルール、マナーについての出題が多いようです。共通するのはどれもふだんの生活で得た知識について尋ねていることでしょう。理科的知識にしてもわざわざ図鑑で知るものよりは、ふだん散歩をしていれば目に入るものが出題されています。交通ルールやマナーに関しても同じで、どのお子さまでも経験がありそうなことについてです。対策としては、過去問などに答えるのもよいですが、日々の生活の中で保護者の方がお子さまに理由を含めて教えることです。「～しなさい」と感情的になるとかえってお子さまはルールやマナーを覚えません。また、時代や環境に合わせてということなのか防犯・防災についての知識も出題されることが多くなりました。詳細なものでなくてもよいので、「～の時には～する」という形で対処の仕方を決め、家族共通のルールにしておいてください。

【おすすめ問題集】
Ｊｒ・ウォッチャー12「日常生活」、56「マナーとルール」

問題35　分野：常識（理科）

〈解答〉　①○：ダイコン、ニンジン、サツマイモ、ゴボウ
×：トマト、ナス、キャベツ、キュウリ、ピーマン
②○：ニワトリ、ワニ、ツバメ、カメ、カエル
×：ウサギ、イヌ、ライオン
③○：海水浴（夏）

繰り返しになりますが、当校では常識分野からの出題が多いので、対策はとっておきましょう。ここでは理科的常識と季節についてきいています。前述したように理科的常識は、ふだんの生活で目にするものが中心ですが、年齢なりに知っていておかしくないものが出題されることがあります。②のワニやライオンなどは実物を目にしたことがないかもしれませんが、この年頃のお子さまなら何らかの形で知っているだろうということで出題されているのです。こうしたものについては過去問を参考に出題されそうな知識を押さえておきましょう。動物なら「胎生・卵生」「棲息場所」「よく見る季節」「エサ」、植物なら「開花・収穫の時期」「種・葉などの形」などでしょうか。いずれも出題されそうな、基本的な知識だけでかまいません。

【おすすめ問題集】
Ｊｒ・ウォッチャー27「理科」、34「季節」、55「理科②」

問題36　分野：推理（比較）

〈解答〉　①②③下記参照

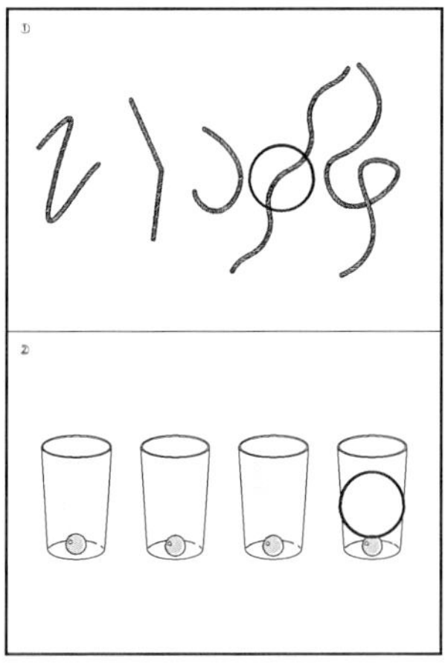

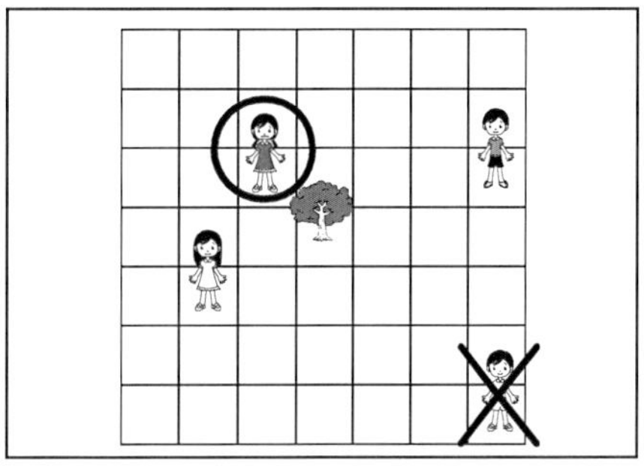

推理分野、比較の問題です。推理分野の問題は答えがわかればよい、というものではなく、「～だから～だ」と考えることが大切です。②や③のように一見して答えがわかる問題もありますが、その部分を省略してしまうと将来につながる学習ではなくなってしまいます。①もなぜ右から２番目のひもが４番目に短いのかを考えてください。まず「４番目に短いひも」は「２番目に長いひも」と同じだと気付けばかなり考えやすくなります。「引っ掛け」とも言えないような表現ですが、これに気付かないと少し手間取るでしょう。後は右端のひもとの比較で折れ曲がっている部分の大きさなどを見比べれば答えはすぐにわかるはずです。

【おすすめ問題集】

Ｊｒ・ウォッチャー15「比較」、58「比較②」

問題37　分野：数量（計数・比較）

〈解答〉　①○：６　②ドーナツ○：０、アメ○：２

基礎的な数量の問題で、①は「一対多の対応」②は「計数」の複合的な問題です。はじめてこのような問題に挑むお子さまでも答えられるのではないでしょうか。問題の指示をきちんと聞いて落ち着いて答えましょう。この問題に関してはそれで構いませんが、小学校受験の数量の問題で身に付けておくべきものは、年齢相応の「数に対する感覚」です。難しく聞こえますが、「１から10までのものなら、一目でいくつあるかがわかる」「（１～10までの）２つの集合の多少がわかる」といったものです。算数の学習の根本になるものの１つですから、ただ答えるのではなく、そういったものの習得を目標としてみましょう。受験対策以上の成果があるはずです。

【おすすめ問題集】

Ｊｒ・ウォッチャー14「数える」、37「選んで数える」

問題38　分野：図形（四方からの観察）

〈解答〉　下図参照

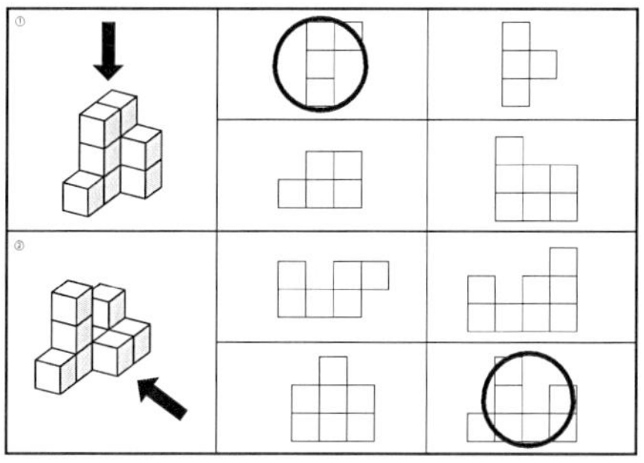

積み木を矢印の方向から見るとどのように見えるかという「四方からの観察」の問題です。絵は矢印の方向から描かれていないため、イメージして答えなければいけません。大人が思っている以上にお子さまにとっては難しい問題と言えます。そのようにイメージするには実際に実物を見なければなかなか身に付きません。実際に実物（積み木など）を問題と同じ様に積んで、さまざまな視点から見てみましょう。視点を変えることによって、図形が変わる様子を確認してください。これを繰り返し行っていけば、次にこの問題の類題を解く時に、矢印の方向を見て、その方向から見た図形を想像できるようになるでしょう。

【おすすめ問題集】

Ｊｒ・ウォッチャー10「四方からの観察」、53「四方からの観察　積み木編」

問題39　分野：図形（回転図形）

〈解 答〉　下図参照

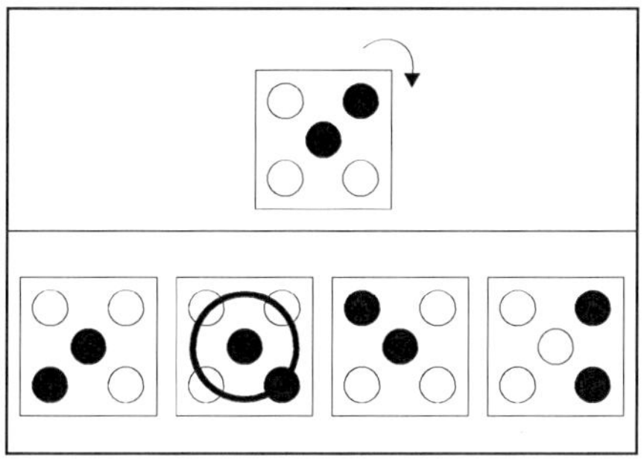

上の図形が矢印の方向に回転するとどの形になるか答える「回転図形」の問題です。「回転図形」の問題の回転するというのは、矢印の方向に90度傾けるという意味です。見本の図形を実際に矢印の方向に回転してみると、右上の●が、右下へ移動することがわかります。真ん中の●はそのままなので、答えが左から２番目だとわかります。このように説明しても子どもがあまり理解していないようであれば、実際に図形を回転させて見てみましょう。１度見ればすぐに理解できるでしょう。学習の場合ならば、このように回転させて解くことに問題はありませんが、実際の試験でこのように解くことはやめましょう。不格好なだけでなく、「考える」という姿勢がないと学校に判断されかねません。

【おすすめ問題集】

Ｊｒ・ウォッチャー46「回転図形」

問題40　分野：図形（構成）

〈解 答〉　下図参照

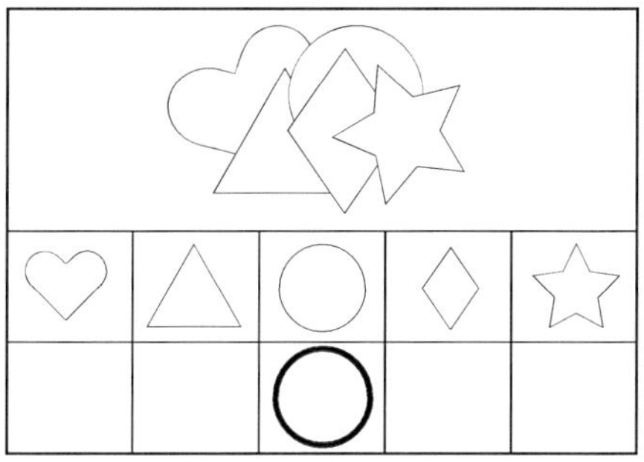

この問題は一目見て、図形が重なる順番を見つけられなければいけません。というのも、１番上の図形と２番目の上の図形を渡すという指示が出されているので、「重なり」を理解しているという前提で問題が出題されているからです。図形を見ればわかる通り、複雑なものではありませんし、この年齢のお子さまであれば、まず間違えることはないでしょう。ですから、指示を聞き間違えるというケアレスミスに注意しましょう。この問題だけに限らず、どの問題も指示をしっかり聞いてから解くということを心掛けてください。

【おすすめ問題集】

Ｊｒ・ウォッチャー９「合成」、35「重ね図形」、54「図形の構成」

問題41　分野：言語（いろいろな言葉）

〈解 答〉　下記参照

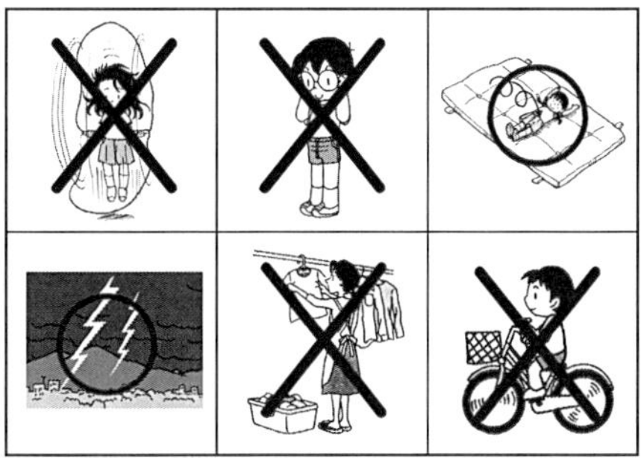

「擬音語」や「擬態語」を使った言葉遊びの問題です。これらの言葉は人によって、捉え方が違ったりするので一概にこれが正解ということは言えませんが、あくまで一般的にその表現がよく使われるということで本問では正解を「右上」と「左下」にしています。「擬音語」や「擬態語」のような言葉は机の上で学習するよりは生活の中で使っていくと、お子さまは語彙として身に付くようになります。例えば、カミナリが鳴っていれば、保護者の方が「かみなりが『ゴロゴロ』と鳴ってるね」と使うだけでも、お子さまはその言葉を使ってみようと身に付けていきます。

【おすすめ問題集】

Ｊｒ・ウォッチャー17「言葉の音遊び」、18「いろいろな言葉」

問題42　分野：行動観察（集団行動・口頭試問）

〈解 答〉　省略

集団行動と面接の課題です。５～６名のグループを作り、指示通りに課題をこなします。途中で先生から合図があり、グループごとに面接会場へ移動します。面接は、全員に質問が出され、挙手した順番に答える形式で進められます。面接終了後は、集団行動の課題に戻ります。終了の合図があったら、道具を箱に片付けます。集団行動では、取り組む姿勢、協調性などが観られています。並べる位置などを友だちと相談し、協力しながら進められると、よい評価につながるでしょう。このような課題では、会場に集合した時点から、片付けが終わるまでの流れのすべてが、評価の対象として観察されています。課題に取り組んでいる時はしっかり行動できていても、面接会場への移動の際に友だちとふざけて減点されてしまっては、せっかくの課題で得た評価が無駄になってしまいます。待機時間、移動時間の姿勢や振る舞い方について、あらかじめお子さまに指導をしておくとよいでしょう。

【おすすめ問題集】

Ｊｒ・ウォッチャー29「行動観察」、面接テスト問題集

鳴門教育大学附属小学校　専用注文書

年　　月　　日

合格のための問題集ベスト・セレクション

＊入試頻出分野ベスト３

1st　常　識
知識　聞く力　思考力

2nd　記　憶
集中力　聞く力

3rd　図　形
観察力　思考力

常識分野では、生活常識と理科を中心に幅広く出題されます。記憶・図形分野では、基本的な問題を、繰り返し練習してください。また、音楽や自由画など、当校独自の出題にも準備が必要です。

分野	書　名	価格(税込)	注文
図形	Ｊｒ・ウォッチャー２「座標」	1,650円	冊
図形	Ｊｒ・ウォッチャー３「パズル」	1,650円	冊
図形	Ｊｒ・ウォッチャー９「合成」	1,650円	冊
常識	Ｊｒ・ウォッチャー11「いろいろな仲間」	1,650円	冊
常識	Ｊｒ・ウォッチャー12「日常生活」	1,650円	冊
数量	Ｊｒ・ウォッチャー14「数える」	1,650円	冊
推理	Ｊｒ・ウォッチャー15「比較」	1,650円	冊
図形	Ｊｒ・ウォッチャー16「積み木」	1,650円	冊
言語	Ｊｒ・ウォッチャー17「言葉の音遊び」	1,650円	冊
言語	Ｊｒ・ウォッチャー18「いろいろな言葉」	1,650円	冊
記憶	Ｊｒ・ウォッチャー20「見る記憶・聴く記憶」	1,650円	冊
巧緻性	Ｊｒ・ウォッチャー22「想像画」	1,650円	冊
常識	Ｊｒ・ウォッチャー27「理科」	1,650円	冊

分野	書　名	価格(税込)	注文
観察	Ｊｒ・ウォッチャー29「行動観察」	1,650円	冊
数量	Ｊｒ・ウォッチャー37「選んで数える」	1,650円	冊
図形	Ｊｒ・ウォッチャー45「図形分割」	1,650円	冊
図形	Ｊｒ・ウォッチャー54「図形の構成」	1,650円	冊
常識	Ｊｒ・ウォッチャー55「理科②」	1,650円	冊
常識	Ｊｒ・ウォッチャー56「マナーとルール」	1,650円	冊
推理	Ｊｒ・ウォッチャー58「比較②」	1,650円	冊
	お話の記憶問題集　初級編	2,860円	冊
	お話の記憶問題集　中級編	2,200円	冊
	１話５分の読み聞かせお話集①②	1,980円	各　冊
	面接テスト問題集	2,200円	冊

合計	冊	円

（フリガナ） 氏　名	電　話 ＦＡＸ E-mail
住　所　〒　　　－	以前にご注文されたことはございますか。 有　・　無

★お近くの書店、または記載の電話・FAX・ホームページにてご注文をお受けしております。
電話：03-5261-8951　FAX：03-5261-8953　代金は書籍合計金額＋送料がかかります。
※なお、落丁・乱丁以外の理由による商品の返品・交換には応じかねます。

★ご記入頂いた個人に関する情報は、当社にて厳重に管理致します。なお、ご購入の商品発送の他に、当社発行の書籍案内、書籍に関する調査に使用させて頂く場合がございますので、予めご了承ください。

日本学習図書株式会社
http://www.nichigaku.jp

分野別 小学入試練習帳 ジュニアウォッチャー

1. 点・線図形	小学校入試で出題頻度の高い『点・線図形』の模写を、難易度の低いものから段階別に幅広く練習することができるように構成。
2. 座標	図形の位置模写という作業を、難易度の低いものから段階別に練習できるように構成。
3. パズル	様々なパズルの問題を難易度の低いものから段階別に練習できるように構成。
4. 同図形探し	小学校入試で出題頻度の高い、同図形選びの問題を繰り返し練習できるように構成。
5. 回転・展開	図形などを回転、または展開したとき、形がどのように変化するかを学習し、理解を深められるように構成。
6. 系列	数、図形などの様々な系列問題を、難易度の低いものから段階別に練習できるように構成。
7. 迷路	迷路の問題を繰り返し練習できるように構成。
8. 対称	対称に関する問題を４つのテーマに分類し、各テーマごとに問題を段階別に練習できるように構成。
9. 合成	図形の合成に関する問題を、難易度の低いものから段階別に練習できるように構成。
10. 四方からの観察	もの（立体）を様々な角度から見て、どのように見えるかを推理する問題を段階別に整理し、１つの形式で複数の問題を練習できるように構成。
11. いろいろな仲間	ものや動物、植物の共通点を見つけ、分類していく問題を中心に構成。
12. 日常生活	日常生活における様々な問題を６つのテーマに分類し、各テーマごとに一つの問題形式で複数の問題を練習できるように構成。
13. 時間の流れ	『時間』に着目し、様々なものごとは、時間が経過するとどのように変化するのかということを学習し、理解できるように構成。
14. 数える	様々なものを『数える』ことから、数の多少の判定やかけ算、わり算の基礎までを練習できるように構成。
15. 比較	比較に関する問題を５つのテーマ（数、高さ、長さ、量、重さ）に分類し、各テーマごとに問題を段階別に練習できるように構成。
16. 積み木	数える対象を積み木に限定した問題集。
17. 言葉の音遊び	言葉の音に関する問題を５つのテーマに分類し、各テーマごとに問題を段階別に練習できるように構成。
18. いろいろな言葉	表現力をより豊かにするいろいろな言葉として、擬態語や擬声語、同音異義語、反意語、数詞を取り上げた問題集。
19. お話の記憶	お話を聴いてその内容を記憶、理解し、設問に答える形式の問題集。
20. 見る記憶・聴く記憶	「見て憶える」「聴いて憶える」という『記憶』分野に特化した問題集。
21. お話作り	いくつかの絵を元にしてお話を作る練習をして、想像力を養うことができるように構成。
22. 想像画	描かれてある形や景色に好きな絵を描くことにより、想像力を養うことができるように構成。
23. 切る・貼る・塗る	小学校入試で出題頻度の高い、はさみやのりなどを用いた巧緻性の問題を繰り返し練習できるように構成。
24・絵画	小学校入試で出題頻度の高い、お絵かきやぬり絵などクレヨンやクーピーペンを用いた巧緻性の問題を繰り返し練習できるように構成。
25. 生活巧緻性	小学校入試で出題頻度の高い日常生活の様々な場面における巧緻性の問題集。
26. 文字・数字	ひらがなの清音、濁音、拗音、拗長音、促音と１～20までの数字に焦点を絞り、練習できるように構成。
27. 理科	小学校入試で出題頻度が高くなりつつある理科の問題を集めた問題集。
28. 運動	出題頻度の高い運動問題を種目別に分けて構成。
29. 行動観察	項目ごとに問題提起をし、「このような時はどうか、あるいはどう対処するのか」の観点から問いかける形式の問題集。
30. 生活習慣	学校から家庭に提起された問題と思って、一問一問絵を見ながら話し合い、考える形式の問題集。

31. 推理思考	数、量、言語、常識（含理科、一般）など、諸々のジャンルから問題を構成し、近年の小学校入試問題傾向に沿って構成。
32. ブラックボックス	箱や筒の中を通ると、どのようなお約束でどのように変化するかを推理・思考する問題集。
33. シーソー	重さの違うものをシーソーに乗せた時どちらに傾くのか、またどうすればシーソーは釣り合うのかを思考する基礎的な問題集。
34. 季節	様々な行事や植物などを季節別に分類できるように知識をつける問題集。
35. 重ね図形	小学校入試で頻繁に出題されている「図形を重ね合わせてできる形」についての問題を集めました。
36. 同数発見	様々な物を数え「同じ数」を発見し、数の多少の判断や数の認識の基礎を学べるように構成した問題集。
37. 選んで数える	数の学習の基本となる、いろいろなものの数を正しく数える学習を行う問題集。
38. たし算・ひき算１	数字を使わず、たし算とひき算の基礎を身につけるための問題集。
39. たし算・ひき算２	数字を使わず、たし算とひき算の基礎を身につけるための問題集。
40. 数を分ける	数を等しく分ける問題です。等しく分けたときに余りが出るものもあります。
41. 数の構成	ある数がどのような数で構成されているか学んでいきます。
42. 一対多の対応	一対一の対応から、一対多の対応まで、かけ算の考え方の基礎学習を行います。
43. 数のやりとり	あげたり、もらったり、数の変化をしっかりと学びます。
44. 見えない数	指定された条件から数を導き出します。
45. 図形分割	図形の分割に関する問題集。パズルや合成の分野にも通じる様々な問題を集めました。
46. 回転図形	「回転図形」に関する問題集。やさしい問題から始め、いくつかの代表的なパターンから、段階を踏んで学習できるよう編集されています。
47. 座標の移動	「マス目の指示通りに移動する問題」と「指示された数だけ移動する問題」を収録。
48. 鏡図形	鏡で左右反転させた時の見え方を考えます。平面図形から立体図形、文字、絵まで。
49. しりとり	すべての学習の基礎となる「言葉」を学ぶこと、特に「語彙」を増やすことに重点をおき、さまざまなタイプの「しりとり」問題を集めました。
50. 観覧車	観覧車やメリーゴーラウンドなどを舞台にした「回転系列」の問題集。「推理思考」分野の問題ですが、要素として「図形」や「数量」も含みます。
51. 運筆①	鉛筆の持ち方を学び、点線なぞり、お手本を見ながらの模写で、線を引く練習をします。
52. 運筆②	運筆①からさらに発展し、「欠所補完」や「迷路」などを楽しみながら、より複雑な鉛筆運びを習得することを目指します。
53. 四方からの観察 積み木編	積み木を使用した「四方からの観察」に関する問題を練習できるように構成。
54. 図形の構成	見本の図形がどのような部分によって形づくられているかを考えます。
55. 理科②	理科的知識に関する問題を集中して練習する「常識」分野の問題集。
56. マナーとルール	道路や駅、公共の場でのマナー、安全や衛生に関する常識を学べるように構成。
57. 置き換え	さまざまな具体的・抽象的事象を記号で表す「置き換え」の問題を扱います。
58. 比較②	長さ・高さ・体積・数などを数学的な知識を使わず、論理的に推測する「比較」の問題を練習できるように構成。
59. 欠所補完	線と線のつながり、欠けた絵に当てはまるものなどを求める「欠所補完」に取り組める問題集です。
60. 言葉の音（おん）	しりとり、決まった順番の音をつなげるなど、「言葉の音」に関する問題に取り組める練習問題集です。

◆◆ニチガクのおすすめ問題集◆◆

より充実した家庭学習を目指し、ニチガクではさまざまな問題集をとりそろえております!!

ジュニアウォッチャー（既刊60巻）

①～⑥⓪（以下続刊）
本体各￥1,500＋税

入試出題頻度の高い9分野を、さらに60の項目に細分化した問題集が出来ました。
苦手分野におけるつまずきを効率よく克服するための60冊となっており、小学校受験における基礎学習にぴったりの問題集です。ポイントが絞られているため、無駄なく学習を進められる、まさに小学校受験問題集の入門編です。

国立・私立NEWウォッチャーズ

言語／理科／図形／記憶
常識／数量／推理
各2巻・全14巻
本体各￥2,000＋税

シリーズ累計発行部数40万部以上を誇る大ベストセラー「ウォッチャーズシリーズ」の趣旨を引き継ぐ新シリーズができました！
こちらは国立・私立それぞれの出題傾向に合わせた分野別問題集です。全問「解答のポイント」「ミシン目」付き、切り離し可能なプリント学習タイプで家庭学習におすすめです！

まいにちウォッチャーズ（全16巻）

導入編／練習編
実践編／応用編　各4巻
本体各￥2,000＋税

シリーズ累計発行部数40万部以上を誇る大ベストセラー「ウォッチャーズシリーズ」の趣旨を引き継ぐ新シリーズができました！
こちらは、お子さまの学習進度に合わせ、全分野を網羅できる総合問題集です。全問「解答のポイント」「ミシン目」付き、切り離し可能なプリント学習タイプで家庭学習におすすめです！

実践 ゆびさきトレーニング①・②・③

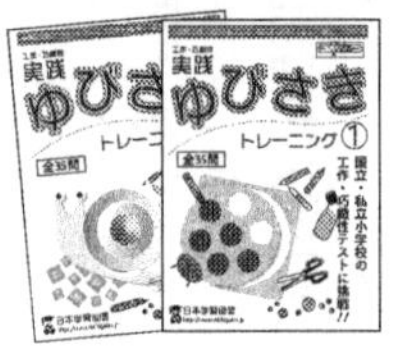

①・②・③　全3巻
本体　各￥2,500＋税

制作問題に特化した問題集ができました。
有名校が実際に出題した問題を分析し、類題を各35問ずつ掲載しています。様々な道具の扱い方（はさみ・のり・セロハンテープの使い方）から、手先・指先の訓練（ちぎる・貼る・塗る・切る・結ぶ）、表現することの楽しさも学習することができる問題集です。

お話の記憶問題集

初級編
本体￥2,600＋税
中級編／上級編
本体各￥2,000＋税

「お話の記憶」分野の問題集ができました。
あらゆる学習に不可欠な、語彙力・集中力・記憶力・理解力・想像力を養うと言われているのが「お話の記憶」という分野です。難易度別に収録されていますので、まずは初級編、慣れてきたら中級編・上級編と学習を進められます。

分野別 苦手克服シリーズ（全6巻）

図形／数量／言語
常識／記憶／推理
本体各￥2,000＋税

お子さまの苦手を克服する問題集ができました。
アンケートに基づき、多くのお子さまが苦手とする数量・図形・言語・常識・記憶の6分野を、それぞれ問題集にまとめました。全問アドバイス付きですので、ご家庭において、そのつまづきを解消するためのプロセスも理解できます。

運動テスト・ノンペーパーテスト問題集

新 運動テスト問題集
本体￥2,200＋税

新 ノンペーパーテスト問題集
本体￥2,600＋税

ノンペーパーテストは国立・私立小学校で幅広く出題される、筆記用具を使用しない分野の問題を全40問掲載しています。
運動テスト問題集は運動分野に特化した問題集です。指示の理解や、ルールを守る訓練など、ポイントを押さえた学習に最適。全35問掲載。

口頭試問・面接テスト問題集

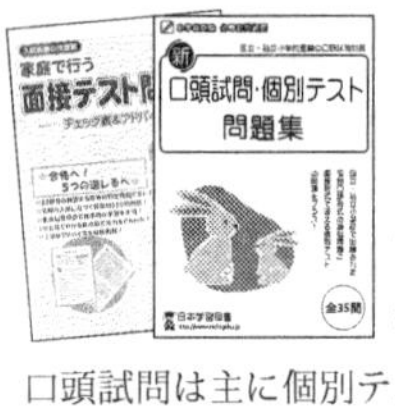

新 口頭試問・個別テスト問題集
本体￥2,500＋税

面接テスト問題集
本体￥2,000＋税

口頭試問は主に個別テストとして口頭で出題解答を行うテスト形式、面接は主に「考え」やふだんの「あり方」をたずねられるものです。
口頭で答える点は同じですが、内容は大きく異なります。想定する質問内容や答え方の幅を広げるために、どちらも手にとっていただきたい問題集です。

小学校受験 厳選難問集　①・②

①・②・③　全3巻
本体各￥2,600＋税

実際に出題された入試問題の中から、難易度の高い問題をピックアップし、アレンジした問題集です。応用問題への挑戦は、基礎の理解度を測るだけでなく、お子さまの達成感・知的好奇心を触発します。
①は数量・図形・推理・言語、②は位置・常識・比較・記憶分野を掲載しています。各40問。

国立小学校　入試問題総集編

A・B・C（全3巻）
本体各￥3,282＋税

国立小学校頻出の問題を厳選して収録した問題集です。細かな指導方法やアドバイスが掲載してあり、効率的な学習が進められます。
難易度別の収録となっており、お子さまの学習進度に合わせて利用できます。付録のレーダーチャートにより得意・不得意を認識でき、国立小学校受験対策に最適な総合問題集です。

おうちでチャレンジ　①・②

①・②　全2巻
本体　各￥1,800＋税

関西最大級の模擬試験『小学校受験標準テスト』ペーパー問題を編集した、実力養成に最適な問題集です。延べ受験者数10,000人以上のデータを分析し、お子さまの習熟度・到達度を一目で判別できるようになっています。
保護者必読の特別アドバイス収録！学習習熟度を測るためにも、定期的に活用したい一冊です。

Q＆Aシリーズ

『小学校受験で知っておくべき125のこと』
『新 小学校受験の入試面接Q＆A』
『新 小学校受験 願書・アンケート文例集500』

本体各￥2,600＋税

「知りたい！」「聞きたい！」
「こんな時どうすれば…？」
そんな疑問や悩みにお答えする、当社で人気の保護者向け書籍です。受験を考え始めた保護者の方や、実際に入試の出願・面接などを控えている直前の保護者の方など、さまざまな場面で参考にしていただける書籍となっています。

書籍についてのご注文・お問い合わせ
☎ 03-5261-8951

http://www.nichigaku.jp
※ご注文方法、書籍についての詳細は、Webサイトをご覧ください。

日本学習図書　検索

『読み聞かせ』×『質問』＝『聞く力』

お話の記憶の練習に最適

1話５分の読み聞かせお話集①②

「アラビアン・ナイト」「アンデルセン童話」「イソップ寓話」「グリム童話」、日本や各国の民話、昔話、偉人伝の中から、教育的な物語や、過去に小学校入試でも出題された有名なお話を中心に掲載。お話ごとに、内容に関連したお子さまへの質問も掲載しています。「読み聞かせ」を通して、お子さまの『聞く力』を伸ばすことを目指します。　①巻・②巻　各48話

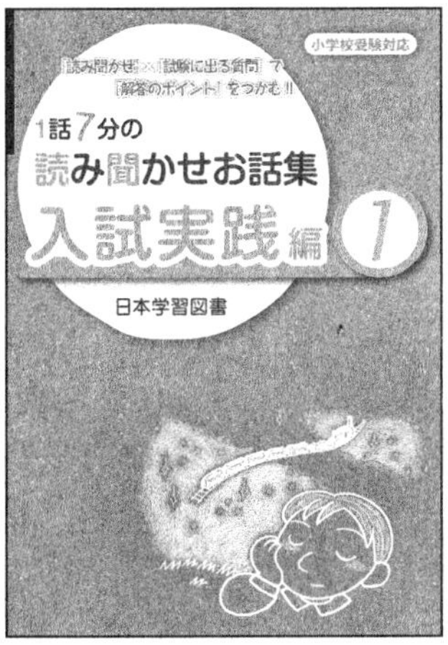

1話７分の読み聞かせお話集 入試実践編①

国立・私立小学校受験対応

最長1,700文字の長文のお話を掲載。有名でない＝「聞いたことのない」お話を聞くことで、『集中力』のアップを目指します。設問も、実際の試験を意識した設問としています。ペーパーテスト実施校の多くが「お話の記憶」の問題を出題します。毎日の「読み聞かせ」と「試験に出る質問」で、「解答のポイント」をつかんで臨みましょう！　50話収録

ニチガクの　この５冊で受験準備も万全！

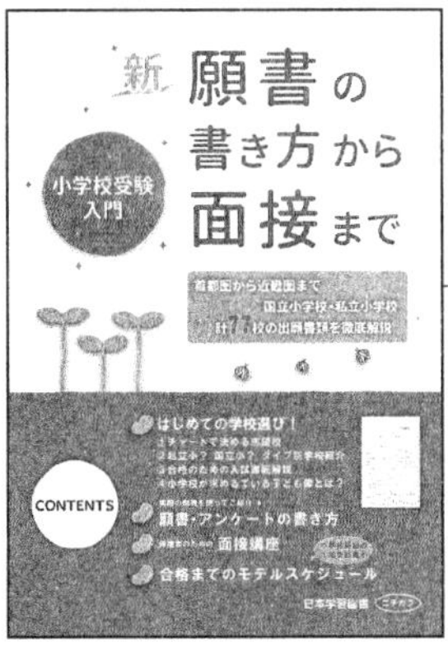

小学校受験入門
願書の書き方から面接まで　リニューアル版

主要私立・国立小学校の願書・面接内容を中心に、学校選びや入試の分野傾向、服装コーディネート、持ち物リストなども網羅し、受験準備全体をサポートします。

小学校受験で知っておくべき125のこと

小学校受験の基本から怪しい「ウワサ」まで、保護者の方々からの 125 の質問にていねいに解答。目からウロコのお受験本。

新　小学校受験の入試面接Q＆A　リニューアル版

過去十数年に遡り、面接での質問内容を網羅。小学校別、父親・母親・志願者別、さらに学校のこと・志望動機・お子さまについてなど分野ごとに模範解答例やアドバイスを掲載。

新　願書・アンケート文例集 500　リニューアル版

有名私立小、難関国立小の願書やアンケートに記入するための適切な文例を、質問の項目別に収録。合格を掴むためのヒントが満載！願書を書く前に、ぜひ一度お読みください。

小学校受験に関する保護者の悩みQ＆A

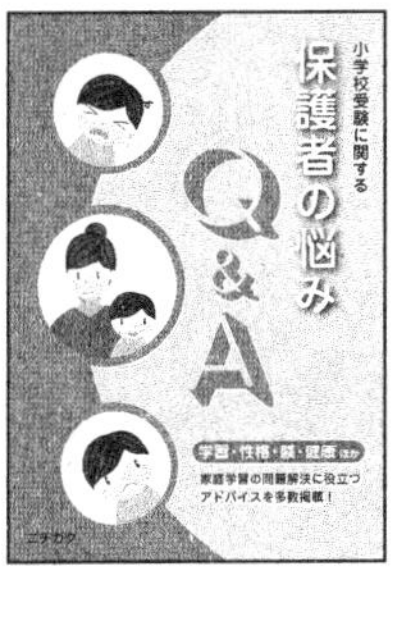

保護者の方約 1,000 人に、学習・生活・躾に関する悩みや問題を取材。その中から厳選した 200 例以上の悩みに、「ふだんの生活」と「入試直前」のアドバイス２本立てで悩みを解決。

日本学習図書株式会社

図書カード 1000 円分プレゼント

ご記入日　　　年　　月　　日

☆国・私立小学校受験アンケート☆

※可能な範囲でご記入下さい。選択肢は○で囲んで下さい。

〈小学校名〉＿＿＿＿＿＿＿＿＿＿　〈お子さまの性別〉男・女　〈誕生月〉＿＿月

〈その他の受験校〉（複数回答可）＿＿＿＿＿＿＿＿＿＿＿＿＿＿＿＿

〈受験日〉①：＿＿月＿＿日〈時間〉＿＿時＿＿分～＿＿時＿＿分

②：＿＿月＿＿日〈時間〉＿＿時＿＿分～＿＿時＿＿分

〈受験者数〉男女計＿＿名（男子＿＿名　女子＿＿名）

〈お子さまの服装〉＿＿＿＿＿＿＿＿＿＿＿＿＿＿

〈入試全体の流れ〉（記入例）準備体操→行動観察→ペーパーテスト

＿＿＿＿＿＿＿＿＿＿＿＿＿＿＿＿＿＿＿＿

Eメールによる情報提供

日本学習図書では、Eメールでも入試情報を募集しております。

下記のアドレスに、アンケートの内容をご入力の上、メールをお送り下さい。

ojuken@nichigaku.jp

●行動観察　（例）好きなおもちゃで遊ぶ・グループで協力するゲームなど

〈実施日〉＿＿月＿＿日〈時間〉＿＿時＿＿分～＿＿時＿＿分〈着替え〉□有　□無

〈出題方法〉□肉声　□録音　□その他（　　　　　）〈お手本〉□有　□無

〈試験形態〉□個別　□集団（　　　人程度）　〈会場図〉

〈内容〉

□自由遊び

＿＿＿＿＿＿＿＿＿＿＿＿＿＿＿＿

□グループ活動

＿＿＿＿＿＿＿＿＿＿＿＿＿＿＿＿

□その他

＿＿＿＿＿＿＿＿＿＿＿＿＿＿＿＿

●運動テスト（有・無）　（例）跳び箱・チームでの競争など

〈実施日〉＿＿月＿＿日〈時間〉＿＿時＿＿分～＿＿時＿＿分〈着替え〉□有　□無

〈出題方法〉□肉声　□録音　□その他（　　　　　）〈お手本〉□有　□無

〈試験形態〉□個別　□集団（　　　人程度）　〈会場図〉

〈内容〉

□サーキット運動

□走り　□跳び箱　□平均台　□ゴム跳び

□マット運動　□ボール運動　□なわ跳び

□クマ歩き

□グループ活動＿＿＿＿＿＿＿＿＿＿＿＿

□その他＿＿＿＿＿＿＿＿＿＿＿＿＿＿

●知能テスト・口頭試問

〈実施日〉＿＿月＿＿日〈時間〉＿＿時＿＿分～＿＿時＿＿分〈お手本〉□有 □無

〈出題方法〉 □肉声 □録音 □その他（　　　　　）〈問題数〉＿＿枚＿＿問

分野	方法	内　　容	詳細・イラスト
(例) お話の記憶	☑筆記 □口頭	動物たちが待ち合わせをする話	(あらすじ) 動物たちが待ち合わせをした。最初にウサギさんが来た。次にイヌくんが、その次にネコさんが来た。最後にタヌキくんが来た。 (問題・イラスト) ３番目に来た動物は誰か 
お話の記憶	□筆記 □口頭		(あらすじ) (問題・イラスト)
図形	□筆記 □口頭		
言語	□筆記 □口頭		
常識	□筆記 □口頭		
数量	□筆記 □口頭		
推理	□筆記 □口頭		
その他	□筆記 □口頭		

●制作　（例）ぬり絵・お絵かき・工作遊びなど

〈実施日〉＿＿月＿＿日〈時間〉＿＿時＿＿分　～　＿＿時＿＿分

〈出題方法〉□肉声　□録音　□その他（　　　　　　）〈お手本〉□有　□無

〈試験形態〉□個別　□集団（　　　　人程度）

材料・道具	制作内容
□ハサミ	□切る　□貼る　□塗る　□ちぎる　□結ぶ　□描く　□その他（　　　　）
□のり（□つぼ　□液体　□スティック）	タイトル：＿＿＿＿＿＿＿＿＿＿
□セロハンテープ	
□鉛筆　□クレヨン（　色）	
□クーピーペン（　色）	
□サインペン（　色）□	
□画用紙（□ A4　□ B4　□ A3	
□その他：　　　　　）	
□折り紙　□新聞紙　□粘土	
□その他（　　　　　）	

●面接

〈実施日〉＿＿月＿＿日〈時間〉＿＿時＿＿分　～　＿＿時＿＿分〈面接担当者〉＿＿名

〈試験形態〉□志願者のみ（　　）名　□保護者のみ　□親子同時　□親子別々

〈質問内容〉

□志望動機　□お子さまの様子

□家庭の教育方針

□志望校についての知識・理解

□その他（　　　　　　　　　）

（詳　細）

・

・

・

・

※試験会場の様子をご記入下さい。

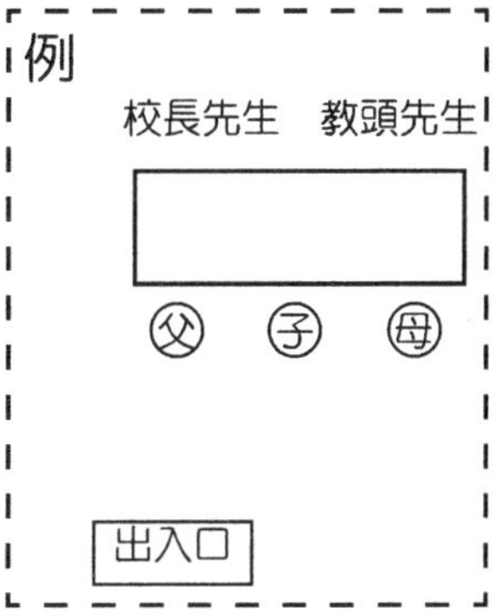

例
校長先生
教頭先生
父
子
母
出入口

●保護者作文・アンケートの提出（有・無）

〈提出日〉□面接直前　□出願時　□志願者考査中　□その他（　　　　　　　　）

〈下書き〉□有　□無

〈アンケート内容〉

（記入例）当校を志望した理由はなんですか（150 字）

●説明会（□有　□無）〈開催日〉　　月　　日〈時間〉　　時　　分　～　　時　　分

〈上履き〉　□要　□不要　〈願書配布〉　□有　□無　〈校舎見学〉　□有　□無

〈ご感想〉

●参加された学校行事（複数回答可）

公開授業〈開催日〉　　月　　日〈時間〉　　時　　分　～　　時　　分

運動会など〈開催日〉　　月　　日〈時間〉　　時　　分　～　　時　　分

学習発表会・音楽会など〈開催日〉　　月　　日〈時間〉　　時　　分　～　　時　　分

〈ご感想〉

※是非参加したほうがよいと感じた行事について

●受験を終えてのご感想、今後受験される方へのアドバイス

※対策学習（重点的に学習しておいた方がよい分野）、当日準備しておいたほうがよい物など

＊＊＊＊＊＊＊＊＊＊＊＊　ご記入ありがとうございました　＊＊＊＊＊＊＊＊＊＊＊＊

必要事項をご記入の上、ポストにご投函ください。

なお、本アンケートの送付期限は入試終了後３ヶ月とさせていただきます。また、入試に関する情報の記入量が当社の基準に満たない場合、謝礼の送付ができないことがございます。あらかじめご了承ください。

ご住所：〒

お名前：　　　　　メール：

ＴＥＬ：　　　　　ＦＡＸ：

アンケートのご記入
ありがとうございました

ご記入頂いた個人に関する情報は、当社にて厳重に管理致します。弊社の個人情報取り扱いに関する詳細は、www.nichigaku.jp/policy.php の「個人情報の取り扱い」をご覧下さい。

家庭学習をトータルサポート！ ニチガクのオリジナル 効果的 学習法

1 まずはアドバイスページを読む！

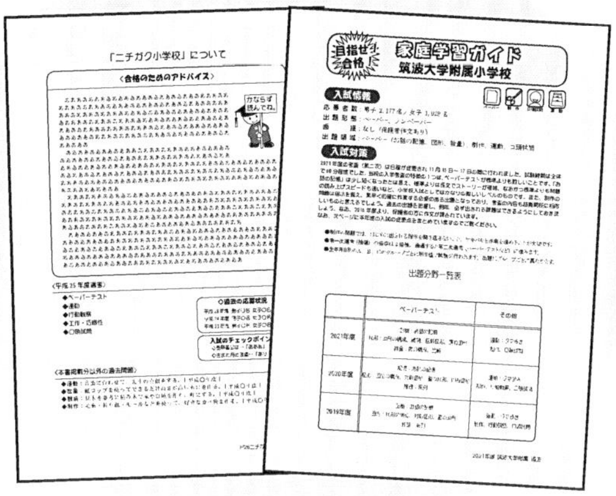

「ニチガク小学校」について
〈合格のためのアドバイス〉
家庭学習ガイド
筑波大学附属小学校
入試情報
入試対策
出題分野一覧表

ピンク色です

対策や試験ポイントがぎっしりつまった「家庭学習ガイド」。分野アイコンで、試験の傾向をおさえよう！

過去問のこだわり

最新問題は問題ページ、イラストページ、解答・解説ページが独立しており、お子さまにすぐに取り掛かっていただける作りになっています。
ニチガクの学校別問題集ならではの、学習法を含めたアドバイスを利用して効率のよい家庭学習を進めてください。

各問題のジャンル

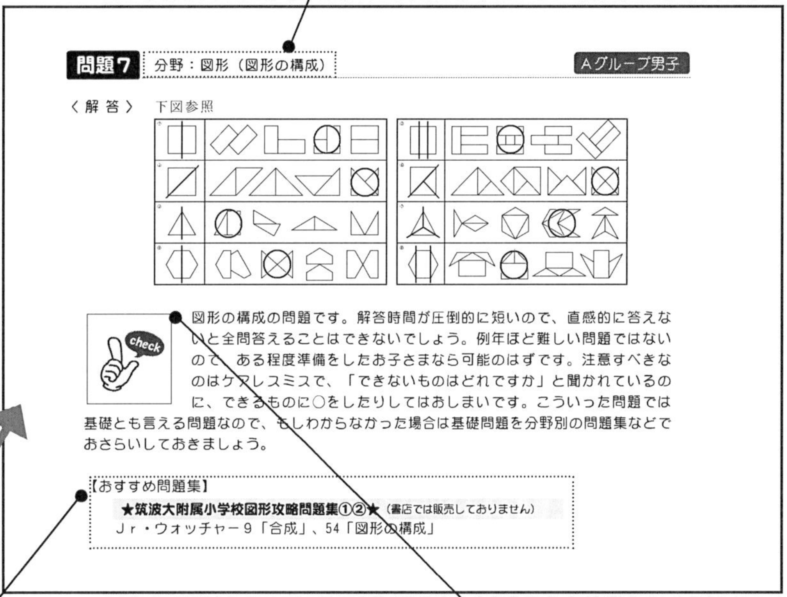

問題7 分野：図形（図形の構成）
Aグループ男子
〈解答〉 下図参照
check
図形の構成の問題です。解答時間が圧倒的に短いので、直感的に答えないと全問答えることはできないでしょう。例年ほど難しい問題ではないので、ある程度準備をしたお子さまなら可能のはずです。注意すべきなのはケアレスミスで、「できないものはどれですか」と聞かれているのに、できるものに○をしたりしてはおしまいです。こういった問題では基礎とも言える問題なので、もしわからなかった場合は基礎問題を分野別の問題集などでおさらいしておきましょう。
【おすすめ問題集】
★筑波大附属小学校図形攻略問題集①②★（書店では販売しておりません）
Jr・ウォッチャー9「合成」、54「図形の構成」

2 問題をすべて読み、出題傾向を把握する

3 「学習のポイント」で学校側の観点や問題の解説を熟読

4 はじめて過去問題にチャレンジ！

5 プラスα 対策問題集や類題で力を付ける

学習のポイント

各問題の解説や学校の観点、指導のポイントなどを教えます。
今日から保護者の方が家庭学習の先生に！

おすすめ対策問題集

分野ごとに対策問題集をご紹介。苦手分野の克服に最適です！
＊専用注文書付き。

2023年度版
鳴門教育大学附属小学校　過去問題集

発行日　2022年11月21日
発行所　〒162-0821　東京都新宿区津久戸町 3-11
TH1ビル飯田橋 9F
日本学習図書株式会社
電　話　03-5261-8951 ㈹

詳細は https://www.nichigaku.jp 日本学習図書 検索